ANIMALES DOMÉSTICOS
Cuidados, enfermedades y características

© Adolfo Pérez Agustí

Edita: Ediciones Masters
edici23nesmasters@gmail.com
http://www.edicionesmasters.com

Son los juguetes para unos, los mejores compañeros para otros y un estorbo para los menos. Formando parte del hogar de los humanos desde hace milenios, las diferentes mascotas que viven junto a nosotros son casi –sólo les falta un poco solamente– un miembro más de nuestras familias. Pacientes, resignadas, afectuosas e inmutables ante nuestros cambios de humor y rarezas, estos animales nos demuestran la gran superioridad que poseen con respecto a la pretenciosa raza humana. Capaces de vivir con la misma alegría junto a un pobre, un rico, un enfermo, un niño o un anciano, no necesitan nada más en la vida que cariño, comida y, en ocasiones, un poco de compañía.

Por ello, si estamos pensando llevar una mascota a nuestro hogar hemos de concienciarnos sobre la gran responsabilidad que adquirimos con ello. No olvidemos que se trata de un ser vivo y sujeto, por tanto, casi a las mismas necesidades y problemas que los humanos, y que a partir del momento en que nos hacemos cargo de él, ha de tener los mismos cuidados que el resto de los miembros de la familia.

En especial, nosotros no le aconsejamos nunca regalar una mascota a un niño en el día de su cumpleaños o en Navidad. Esto le puede hacer creer que se trata de otro juguete, pero al contrario que un juguete, no se puede olvidar de él depositándolo en cualquier estantería de su dormitorio hasta que siente deseos de volver a jugar con su regalo.

¿Qué niño no se vuelve loco de alegría ante la idea de tener un cachorro? En estos casos ha de prevalecer la sensatez de los mayores y, sobre todo, ser conscientes de que hemos de ser nosotros, y no el niño, los que tendremos que hacer la mayor parte del trabajo. Es inútil, por mucho que queramos responsabilizar a un niño, que sea él quien se encargue del cuidado total del animal, mucho menos si el niño es muy pequeño. Esto es especialmente importante a tener en cuenta si la mascota es un perrito al que hay que sacar a la calle al menos una vez al día.

Igualmente, desaconsejable es regalársela a una persona mayor porque esté sola y, a nuestro juicio, lo que necesita es compañía. Nuestro propósito puede ser bueno, pero estos regalos improvisados nunca se deben realizar y debemos contar siempre con la aprobación de quien va a recibir al animal. No solamente debemos asegurarnos que lo acepta de buen grado, sino que ni uno ni otro puedan verse perjudicados por tener que vivir juntos. Si un anciano no puede cuidar a un perro, obviamente el perro tampoco es adecuado para cuidar a un anciano. A veces no se trata de una carencia de afecto, ni una dejadez en su deseo de cuidar a la mascota, sino que es su propia debilidad física lo que les obliga a estar solamente pendientes de sí mismos, no disponiendo de más energía para cuidar de nadie más.

No obstante, y si después de estos y otros muchos razonamientos que le hagan decide llevar un animal a su casa, le felicitamos por ello, no solamente por su humanidad sino por los muchos beneficios morales que recibirá con su compañía. Le pedimos especialmente que no desprecien a los animales feos, ni tampoco a los que tengan algún defecto físico. Todos son dignos de estar con nosotros y cualquiera de ellos nos puede hacer feliz. Si en verdad ama a los animales y no es solamente una frase con la cual queremos ganar simpatía, deberá tratar de hacerles felices, no buscando una posición egoísta exigiendo todo de ellos sin dar apenas nada a cambio.

Recuerde: antes de comprar una mascota busque por los alrededores de su casa algún animal hambriento, solitario o enfermo, al que los desaprensivos y malvados le hayan maltratado repetidas veces; esa será, con seguridad, su mejor mascota.

MEDITE ANTES SU DECISIÓN

¿Está usted pensando en adoptar o adquirir una mascota? Los animales pueden ser algo maravilloso en su vida, pero antes de tomar una decisión, tómese un tiempo para pensar y contestar las siguientes preguntas:

- ¿Está preparado para aceptar a esa mascota para el resto de su vida?
- ¿Ya ha investigado sobre la mascota que piensa adoptar, sus necesidades y características de la raza?
- ¿El espacio en el que vive será un espacio adecuado para su mascota?
- ¿Le permiten tener mascotas en donde está viviendo?
- Si tiene alquilado un apartamento o una casa, ¿ha pensado en que cuando se mude habrá lugares donde no lo van a aceptar con esa mascota?
- Si ya tiene otros animales, ¿está seguro que se llevarán bien entre ellos y si los que ya tiene lo aceptarán?
- ¿Está preparado para soportar todos los honorarios del veterinario, comida y gastos que representa tener una mascota?
- ¿Tiene el tiempo necesario para cuidarla y educarla?

- ¿Ha pensado en qué va a pasar cuando se vaya de vacaciones? ¿Quién lo va a cuidar? ¿Dónde lo va a dejar? ¿Cuánto va a costar?
- Si adopta un cachorro, ¿está preparado para aceptar la temporada de destrozos y los mordiscos en la época de muda de dientes?
- Si tiene jardín, ¿va a tener paciencia para educarlo y no maltratarlo cuando escarbe un hoyo en la tierra?
- ¿Tiene paciencia y disciplina para corregir los malos hábitos de su mascota?
- ¿Tiene el tiempo para entrenarlo o el dinero para mandarlo entrenar?
- Después de un día largo y pesado ¿está dispuesto a tener la energía necesaria para sacarlo a pasear, jugar y dedicarle tiempo en cariño y cuidados?
- ¿Está dispuesto a levantarse temprano el domingo por la mañana después de un fin de semana agitado para sacar al perro a pasear?

- En resumen: no se trata de desanimarlo, pero cualquier mascota requiere de tiempo, educación y cariño y queremos estar seguros de que usted será el dueño ideal.

Estas son unas cuantas cosas en las que tiene usted que pensar antes de adoptar una mascota. Un animal puede mejorar mucho su vida en diferentes aspectos, pero eso también significa que su vida cambiará en otros aspectos. ¿Está dispuesto a sacrificar un poco de su vida a cambio del cariño incondicional de un animal?

DECLARACIÓN UNIVERSAL DE LOS DERECHOS DEL ANIMAL

El texto definitivo de la Declaración Universal de los Derechos del Animal fue adoptado por la Liga Internacional de los Derechos del Animal y por las Ligas Nacionales afiliadas después de la 3ª Reunión sobre los derechos del animal, celebrada en Londres del 21 al 27 de septiembre de 1977. La declaración proclamada el 15 de octubre de 1978 por la Liga Internacional, las Ligas Nacionales y por las personas físicas que se asocien a ellas, fue aprobada por la Organización de las Naciones Unidas para la Educación, la Ciencia y la Cultura (UNESCO) y posteriormente por la Organización de la Naciones Unidas (ONU).

Y TENIENDO EN CUENTA LO MENCIONADO HEMOS DE CONSIDERAR QUE:

- Todos los animales poseen derechos.
- El desconocimiento y el menosprecio de estos derechos han llevado y llevan al hombre a cometer atentados contra la naturaleza y contra los animales.
- El reconocimiento por la especie humana del derecho a la existencia de otras especies animales constituye el fundamento de la coexistencia de las especies en todo el mundo.
- Los genocidios son perpetrados por el hombre y amenazan con seguir produciéndose.
- El respeto a los animales por el hombre es vinculante al propio respeto entre los hombres.

• La educación ha de proporcionar en la infancia la observación, comprensión, respeto y afecto con respecto a los animales.

LEYES QUE HEMOS DE CUMPLIR HACIA LOS ANIMALES

Artículo 1
A)   Todos los animales nacen iguales ante la vida y tienen los mismos derechos a la existencia.

Artículo 2
A)   Todo animal tiene derecho al respeto.
B)   El hombre no puede atribuirse el derecho de exterminar a otros animales, o de explotarlos violando este derecho. Tiene la obligación de poner sus conocimientos al servicio de los animales.
C)   Todos los animales tienen derecho a la atención, a los cuidados y a la protección del hombre.

Artículo 3
A)   Ningún animal será sometido a malos tratos ni actos de crueldad.
B)   Si es necesaria su muerte, ésta debe ser instantánea, indolora y no comportará angustia alguna para la víctima.

Artículo 4
A)   Todo animal perteneciente a una especie salvaje tiene derecho a vivir en libertad en su propio ambiente natural, terrestre, aéreo o acuático, y a reproducirse.

B) Toda privación de libertad, incluso aquella que tenga fines educativos, es contraria a este derecho.

Artículo 5
A) Todo animal perteneciente a una especie viva tradicionalmente en el entorno del hombre, tiene derecho a vivir y crecer al ritmo y en las condiciones de vida y libertad que sean propias de su especie.
B) Toda modificación de dicho ritmo o dichas condiciones que fuera impuesta por el hombre con fines mercantiles es contraria a este derecho.

Artículo 6
A) Todo animal que el hombre haya escogido como compañero tiene derecho a que la duración de su vida sea conforme a su longevidad natural.
B) El abandono de un animal es un acto cruel y degradante.

Artículo 7
A) Todo animal de trabajo tiene derecho a una limitación razonable del tiempo e intensidad del trabajo, a una alimentación reparadora y al reposo.

Artículo 8
A) La experimentación animal que implique un sufrimiento físico o psicológico es incompatible con los derechos del animal, tanto si se trata de experimentos médicos, científicos, comerciales, o de cualquier otra forma de experimentación.
B) Las técnicas alternativas deben ser utilizadas y desarrolladas.

Artículo 9

A)   Cuando un animal es criado para la alimentación debe ser nutrido, instalado y transportado, así como sacrificado, sin que ello resulte para él motivo de angustia o dolor.

Artículo 10

A)   Ningún animal debe ser explotado para esparcimiento del hombre.

B)   Las exhibiciones de animales y los espectáculos que se sirven de animales son incompatibles con la dignidad del animal.

Artículo 11

A)   Todo acto que implique la muerte del animal sin necesidad es un biocidio, es decir, un crimen contra la vida.

Artículo 12

A)   Todo acto que implique la muerte de un gran número de animales salvajes es un genocidio, es decir, un crimen contra la especie.

B)   La contaminación y la destrucción del ambiente natural conducen al genocidio.

Artículo 13

A)   Un animal muerto debe ser tratado con respeto.

B)   Las escenas de violencia en las que los animales son víctimas, deben ser prohibidas en el cine y la televisión, salvo si ellas tienen como fin el dar muestra de los atentados contra los derechos del animal.

Artículo 14

A)   Los organismos de protección y salvaguarda de los animales deben estar representados a nivel gubernamental.

B)   Los derechos del animal deben ser definidos por la ley, como lo son los derechos del hombre.

CAPÍTULO 1

EL CUIDADO DE LOS PERROS

CÓMO ELEGIR UN CACHORRO

¡Muy Bien! Ya hemos decidido elegir un perro de compañía. Posiblemente estemos pensando en llevarlo a alguna exposición, y en ella seguramente hará un buen papel. Incluso si algún día queremos que tenga crías lo más probable es que sean unos cachorros de buena calidad. Por ello vamos a eliminar los defectos graves, pasando por alto las posibles faltas sin importancia.

De todas formas, cuando compre un perro piense en lo que paga y en lo que le dan. Indudablemente puede comprar un cachorro barato, pero al tener que pagar una operación, poner todas las vacunas, y quizás hacer el trámite de registro y licencias, seguro que le sale igual de caro que otro de más calidad.

CONSEJOS PARA ESCOGER BIEN UN CACHORRO

Algunas pruebas sencillas para saber si ese cachorro congeniará precisamente con usted:

1.   Lo primero, y aunque esta recomendación le resulte curiosa, debe comprobar desde lejos el comportamiento del criador que le venderá el animal. Observe, pida referencias y siga adelante si todo es correcto.
2.   Cuando usted visita el criadero por primera vez, observe si todo está limpio, especialmente los lugares en donde viven los animales. Lo de menos son las oficinas, ni la amabilidad de los propietarios.
3.   Mire que los animales no estén siempre solos.
4.   Observe cómo los cachorros reaccionan cuando ven al criador. ¿Se excitan, tienen miedo, le ladran o juegan con él?
5.   Después le toca a usted jugar con tres o cuatro cachorros diferentes y elija aquél con el cual exista una comunicación inmediata.
6.   Cuando ya tenga realizada su elección, separe el cachorro del resto de la manada y mire cómo reacciona. Vuélvalo a dejar entonces y llámelo. ¿Parece tranquilo, pero inseguro, o parece aterrado? Realizando todas estas pruebas aumentarán sus oportunidades de conseguir un buen cachorro.

QUÉ SE DEBE PEDIR AL COMPRAR UN CACHORRO:

Sepa que cuando adquiere un cachorro y paga por él debe ser muy exigente. No es lo mismo aceptar un perro como regalo o llevar a casa a un animal abandonado, que adquirirlo en una tienda especializada. En este caso recuerde estas recomendaciones:

- No lo dude: la elección mejor es como un amor a primera vista. Van a estar juntos toda la vida y un buen inicio es fundamental.
- Le pediremos al criador que nos enseñe los pedigríes de los padres, con lo cual además de comprobar que efectivamente los tienen, veremos el grado de consanguinidad que pudiera existir, así como las líneas de las que proceden.
- Le pediremos ver a los padres si es posible, y así veremos cuál es su estampa, por lo que lógicamente los hijos tendrán un parecido con ellos de adultos.
- Comprobaremos la boca de los padres, si tienen prognatismo y poseen la dentadura completa. Si le falta alguna pieza, seguramente a los cachorros también les faltará.
- Ya una vez con los cachorros, veremos que sean juguetones, puesto que estamos hablando de perros de compañía. También que están gorditos y rebosando salud. Rechace cualquier cachorro que esté delgado, apático, etc. Se evitará muchos problemas.
- Revisaremos la planta de los cachorros, la cola insertada, la cabeza, hocico y la trufa. Nos fijaremos muy especialmente en su manera de andar y de apoyar.

- El cachorro deberá tener la capa de pelo en perfecto estado y será de un color conforme a la raza.
- Otra cosa muy importante es que sus ojos están libres de entropión. El entropión consiste en que el párpado se enrolla sobre sí mismo, en mayor o menor grado, y las pestañas rozan con la córnea. Para distinguirlo, en principio observe que tenga los ojos bien abiertos, que no presenten ningún signo de queratitis (cornea grisácea o blanquecina), ni de lagrimeo. En caso de que tenga entropión, exija que se lo entreguen operado. No se crea, aunque se lo digan, que se le va a curar solo, que con una pomada se pasa, etc. El entropión hay que operarlo o el perro acaba quedándose ciego. Si se lo lleva sin operar, el costo de la operación deberá sumarlo al costo del cachorro.
- Compruebe que el perro tiene una buena mandíbula. Vea si no tiene prognatismo, puesto que esto es un grave defecto que se transmite genéticamente y no tiene ninguna solución. Si es así lo descalificarán en las exposiciones y, además, le perjudica en su alimentación al no poder morder bien.
- Siguiendo con la boca, compruebe que el labio inferior no se enrolle y monte sobre los incisivos inferiores.
- También es una falta grave que lo descalifica para exposiciones y que se transmite genéticamente, pero, además, le impide al perro morder, con todos los trastornos que ello origina. Puede corregirse mediante cirugía, pero es un tratamiento largo y costoso por el número de operaciones que se necesita realizar.
- La lengua deberá estar sana y sin cicatrices.
- Compruebe que el cachorro no tiene hernia inguinal. Aunque no sea un experto, si ve que en el ombligo tiene como un botón y que si le aprieta nota como se mete y sale,

es que tiene hernia. Exija que se le opere, pues no es una operación importante, pero es un nuevo incremento de precio que tendrá que afrontar si se lo lleva en esas condiciones.

• Compruebe las vacunas que tiene puestas el perro, ya que todas las que no lleve es un nuevo costo que tendrá que añadir.

Recuerde:

1. No adquiera un perro grande si su casa es pequeña.
2. Tampoco son adecuados los perros pequeños o los hogareños, como el Chihuahua, para casas de campo.
3. Hay que tener mucho cuidado en elegir el perro adecuado cuando se tienen niños pequeños.
4. En casa de varios vecinos es imprescindible que el perro no sea ladrador.
5. Las personas mayores requieren un perro tranquilo y de pequeño tamaño.
6. No compre o adquiera perros adultos; son casi imposibles de educar.

Y también:

1. Los cachorros necesitan tres comidas diarias. Después de los cuatro meses le bastará con dos y a partir de los ocho meses será suficiente con una.
2. No deje que los niños pequeños jueguen y cojan al cachorro inmediatamente. Dele un poco de tiempo porque se siente inseguro sin su madre.

ALGUNAS RAZAS DE PERROS Y SUS CARACTERÍSTICAS

La siguiente relación pretende solamente hacerle tomar conciencia de la gran diferencia que encontrará entre los diferentes perros, debiendo elegir con sumo cuidado aquellas características que encajen con su carácter y necesidades. No elija, por tanto, un perro solamente por su belleza o exotismo, ni porque el cine o la televisión los hayan puesto de moda. Lo mismo que cada perro se encuentra a gusto en un lugar y clima determinado, sus amos también deberán adquirir aquél que encaje con su vivienda y tipo de vida social.

AFGANO

Origen e historia

La historia del Afghan Hound se remonta a tiempos muy lejanos, ya que se dice que estuvo incluso entre las criaturas seleccionadas del Arca de Noé. Aunque se rechace esta creencia, sigue siendo virtualmente cierto que hace miles de años existía en el Oriente Medio una especie de Afgano y que posteriormente según los expertos se cree que fue cruzado con otra raza llamada Saluki.

Un papiro fechado alrededor del año 3.000 a. C. y encontrado en el Sinaí, dice que este perro pudo haber sido antecesor del animal que nos ocupa, el cual más comúnmente se le llama "Perro Mono" por la semejanza con el primate. Sin embargo, trabajos posteriores sobre estas traducciones confirmaron que a lo que se refería el antiguo papiro no era a un Lebrel con aspecto de mono, sino a un simio con aspecto de Lebrel, cuestión aún más interesante. De todas formas, un perro de tipo Greyhound debió recorrer el camino a través de Persia para llegar a Afganistán.

Allí creció su pelo y se tornó lanudo, adaptando de esta forma su cuerpo para protegerse de las inclemencias del clima, convirtiéndose en un hermoso animal, el favorito de los reyes y la nobleza.

El primer club del Lebrel Afgano fue fundado en el Reino Unido en el año 1926, y ese mismo año fue reconocido como raza oficial por el Kennel Club Americano.

Comportamiento

El **Afgano** tiene un aire digno y ama la comodidad, por esto no es una elección ideal para quienes habitan lugares pequeños, ni casas sin jardín. A pesar de su perfecto comportamiento doméstico, el Afgano es un perro de caza, muy apegado a sus dueños y confiado con los niños, aunque de carácter independiente y a menudo feroz, sobre todo en la adolescencia. No es aconsejable demostrarle demasiado afecto, pero tampoco hay que mandarle con brusquedad. Es importante que el Afgano sepa quién tiene el mando y la superioridad desde el principio, en especial durante las sesiones de adiestramiento y exposición. De no ser así. puede verse luchando físicamente contra un animal poderoso de grandes dientes.

Características

Aunque su pelo es muy abundante en todo su cuerpo, en la cara y cuello es bastante más corto, al igual que en su pequeña cola. Las orejas en posición trasera caen pegadas a la cara, configurando entre éstas y la frente un rostro alargado, mientras que sus ojos son de un hermoso color anaranjado.

La alzada ideal para los machos está entre 68,5 y 73,5 cm. y para las hembras de 5 a 7,5 cm. menos.

Cuidados

Para el cuidado de este perro es de vital importancia su arreglo diario para evitar que su abundante pelaje se enrede; por esto requiere de un dueño que posea el suficiente tiempo para su arreglo y cuidado. El tipo de cepillo adecuado para cuidar bien el pelaje del Afgano es el que tiene un colchón de aire y puas de acero, que es excelente y no es caro; si por alguna razón usted posee un cepillo de nylon debe usar un lubricante para que el roce producido por su correa no le quiebre el pelo.

Ejercicio

Es importante que el Afgano tenga suficiente espacio para correr en libertad, estar contento y en forma. Su tarea original era cazar lobos y gacelas en los desiertos de Afganistán, por lo que un paseo por el parque o unas carreras en los jardines públicos son insuficientes para desgastar su energía. En su etapa de cachorro debe dejarle que se mueva sin restricciones, pero dentro de un recinto seguro; en la edad adulta debe tener, como mínimo, media hora de carrera libre todos los días y paseos disciplinados sujeto a la cadena.

Peculiaridades

Hermoso aspecto.

Leal y cariñoso.
Bueno para con los niños que no le molestan.
Independiente.
Requiere mucho ejercicio.
Necesita espacio: inadecuado para viviendas pequeñas.
Necesita cuidado y limpieza a diario.
En la adolescencia puede presentar un comportamiento feroz.

BULLDOG INGLÉS

Origen e historia:

Aunque desciende del antiguo Mastín asiático, la raza fue completamente formada en Gran Bretaña. Durante mucho tiempo se utilizó, por su agresividad y resistencia, en el hostigamiento de toros, y cuando esta práctica fue prohibida estuvo al borde de la extinción.

Características:

Pequeño de estatura, aunque ancho de constitución, presenta una cabeza asombrosamente grande, con trufa negra muy cerca de los ojos, redondos y distantes entre sí, con pequeñas orejas echadas hacia atrás en forma de "rosa". Su hocico es corto y arrugado y el labio superior cae pesadamente sobre la mandíbula inferior, bastante prominente. Su pelo, fino y corto, es bastante suave.

Comportamiento:

Siempre ha sido un perro agresivo y sanguinario, pero las selecciones efectuadas en el último siglo han creado una nueva variedad que, conservando su fiero aspecto, resulta bonachón, limpio y casero, además de muy fiel. En la actualidad se utiliza casi exclusivamente para las exposiciones, además de compañía.

Cuidados:

Aunque con tendencia a padecer problemas respiratorios y de movimiento, si se le cuida su alimentación y se le obliga a realizar ejercicio, no tendrá problemas de salud.

Peculiaridades:

Amigable, alegre y muy casero, es ahora un perro encantador con un carácter obstinado. Hay que cuidarle también los ojos y los pliegues de la nariz.

DÁLMATA

Origen e historia:

De origen incierto, se sabe que es una raza muy antigua, pues ya en los frisos griegos y los papiros egipcios aparecía representado. Hay también quien opina que fue originado en la India y llevado a Grecia por los mercaderes.

Características:

Es un perro balanceado, fuerte, musculoso, activo y de porte elegante. De perfil simétrico, libre de tosquedad y torpeza, muy capaz, de gran resistencia combinada con bastante velocidad, tiene una expresión de inteligencia.

La cabeza deberá ser de un largo moderado, el cráneo plano, más bien ancho entre las orejas, pero refinado, bien definido entre las sienes, delineado suavemente sin ensancharse hacia las mejillas. Los ojos son de tamaño mediano de forma redonda, brillantes, con expresión alerta e inteligente, con el borde de los párpados ligeramente almendrado. Su color varía dependiendo de las marcas del perro.

Las orejas de inserción alta y de tamaño moderado, anchas en su base afinándose gradualmente hacia la punta que terminan en redondo, de textura fina, pegadas y colgantes, con marcas bien separadas.

El pelo corto, duro y denso, de aspecto liso y brillante. El color base de las dos variedades es blanco puro.

Comportamiento:

De carácter dócil y amable, nunca tímido o agresivo.

DOBERMAN

Origen e historia:

Hacia el año 1880, Louis Dobermann de Apolda, cobrador de impuestos en la región alemana de Turingia, tenía gran afición por los perros feroces y decidió crear un animal ideal para acompañarle en sus rutas. Fue una tarea fácil para él ya que era guardián de una perrera donde tenía acceso a numerosas clases de perros. Tenía la idea de criar un perro grande, de pelo corto (para su fácil cuidado), valiente, alerta y muy vigoroso.

El Pinscher Alemán era agresivo y alerta y fue esta la raza con la que el señor Dobermann fundó su stok mezclando el Rottweiler, perro de gran resistencia y habilidad de rastreo, y también se cree que con el Manchester Terrier, que en esa época era de talla mayor y de donde provienen las marcas de fuego en el pelaje del Dobermann.

Características:

Es un perro de conformación musculosa y de extrema elegancia. Para los machos la altura varía entre los 62 y los 68 cm; para las hembras entre 58 y 65. Peso: de 30 a 40 Kg.

Tiene la cabeza larga y estrecha; cráneo plano con stop apenas marcado; dentadura fuerte en tijeras; ojos oscuros con expresión de gran inteligencia; orejas amputadas de porte derecho (puede competir también con las orejas sin cortar); cola amputada corta; extremidades perfectamente aplomadas. Pelo corto, denso, duro y adherente.

El color del manto debe ser: negro, marrón oscuro, o azul, con manchas rojo herrumbre bien limitadas. Las manchas blancas no están admitidas.

El Doberman debe, además, tener un andar elástico y elegante, cubriendo mucho terreno.

Comportamiento:

Es un perro de talla media, de cuerpo firme, elegante y musculoso. Su temperamento atrevido y alerta y el porte airoso. Gracias a su constitución es un perro veloz, de paso ligero y elástico, y sus ojos denotan firmeza de carácter e inteligencia. Es fiel y obediente.

Macho y hembra tienen temperamento distinto. La hembra es tranquila, sensible, afectuosa en familia, desconfiada con extraños. El macho, en cambio, es impetuoso, muy inteligente, frecuentemente agresivo y debe ser dominado por la mano enérgica de un amo. No existen malos Doberman, se ha dicho, pero existen malos amos.

Cuidados:

La personalidad del Doberman se desarrolla después de los dos años de edad, pero su adiestramiento severo debe iniciarse cuando cumple los 10-12 meses. Es un perro más bien longevo: puede llegar a los 15 y también a los 20 años.

El Doberman es un perro que puede adaptarse con facilidad a la vida en un departamento o casa con poco patio, pero requiere largas caminatas y juegos diarios con ejercicios que ayuden a mantener el equilibrio del carácter en esta raza.

Por las características de su pelaje corto no requiere grandes cuidados, pero sí es conveniente un cepillado diario, y el control de las enfermedades bacterianas de piel fundamentalmente en el color azul.

Las orejas y cola en esta raza pueden ser cortadas.

Peculiaridades:

Creado como perro de guarda y de defensa, el Doberman ha continuado siéndolo durante los cien años que cuenta de historia. Ha sido utilizado como policía, por los militares en la guerra (los "marines" se sirvieron de él para desalojar de su guarida a los francotiradores); en la defensa de la propiedad, talleres, factorías, chalet. La hembra se adapta mejor que el macho a la vida de apartamento, pero ambos tienen necesidad de expansión cada día para descargar sus energías nerviosas.

PASTOR ALEMÁN

Historia:

El origen de esta raza debe de remontarse a muchos siglos, y lo que parece claro es que tiene que ver con el cruce entre diferentes razas de perros pastores procedentes de Alemania y algún lobo local. El encargado de la designación y aspecto actual de los pastores alemanes fue un criador alemán de finales del siglo pasado, Max von Stephanitz.

Características:

Es posiblemente la raza de perro más difundida en todo el mundo. Tiene una gran belleza física, y su cuerpo transmite fuerza y potencia, disponiendo de una gran masa ósea y muscular. Las extremidades bien desarrolladas, patas delanteras rectas y traseras de muslos robustos y los corvejones suavemente inclinados cuando está de pie. La cabeza es ligeramente curva, con stop poco pronunciado, hocico largo y enjuto con mandíbula dispuesta en tijera. Labios muy pigmentados, trufa grande y negra, y los ojos almendrados de color ámbar o marrón oscuro. La base de las orejas es ancha y terminan erguidas en puntas redondeadas. El cuello, de largura media, es compacto y robusto. La cola, muy empenachada, le llega por debajo de los corvejones. El pelaje puede variar en color, largura e incluso dureza, pero en todos los casos es muy denso y abundante con una capa inferior más corta y suave.

Comportamiento:

Su utilidad ha sido muy variada pues ha sido y es perro pastor, perro de defensa y vigilancia, perro de búsqueda de personas, drogas o artefactos diversos, fiel perro lazarillo y sobre todo excelente compañero y mejor amigo de los niños. Hoy su cría indiscriminada le ha proporcionado un sin fin de enfermedades relacionadas con los huesos y articulaciones, y problemas diversos del aparato digestivo.

Peculiaridades:

Entusiasta, versátil y valiente, no hay ninguna actividad que le esté vetada. Se le conoce también como Deutscher schäferhund.

ENFERMEDADES MÁS HABITUALES

Enfermedades en los perros adultos:

Dermatomicosis

La **Dermatomicosis** es una enfermedad cutánea que suele resolverse por sí misma en un periodo entre 2 y 4 meses, pero que se recomienda tratar médicamente para evitar contagios. El tratamiento, pues, debe incluir como mínimo a la zona infectada, evitar la propagación y corregir las causas que la hayan generado. En cuanto al tratamiento local se recomienda no limitarse a la zona afectada y es mejor abarcar una amplia parte igualmente sana, puesto que la propagación es muy habitual, especialmente a causa del rascado. Por este motivo no se recomienda el rasurado del pelo, aunque parece razonable cortarlo moderadamente.

Médicamente se emplean productos a base de enilconazol o clorhexidina. También se pueden utilizar en caso de intolerancia o fracaso la pavidona yodada, el hipoclorito sódico o el ketoconazol. Simultáneamente se recomienda el lavado con un champú que contenga clorhexidina o miconazol.

Internamente se emplea la griseofulgina o el itraconazol. La ropa del animal infectado y sus utensilios se recomienda desinfectarlos mediante lejía diluida al 10 por ciento.

También, al menos en los casos leves, se puede intentar el tratamiento natural consistente en la aplicación de Bardana, extracto o infusión, y Própolis.

Otras **micosis** o enfermedades por hongos, se tratan de manera similar.

La **Sarna** puede estar producida por ácaros y se manifiesta por un enrojecimiento de la piel, pequeñas costras y pústulas húmedas, además de una posible caída de pelo, picor y escozor. Su tratamiento incluye baños empleando champús adecuados, cepillados de la piel y aplicación de polvos o sprays antiparasitarios.

Envenenamientos

Cuando un animal molesta a un vecino es frecuente que se busque su muerte mediante un veneno, por lo que es mejor tratar siempre de evitar estos enfrentamientos.

Síntomas:

Suelen ser muy variados, dependiendo del tóxico, pero de manera habitual nos encontramos con babeo, estornudos, tos, sofoco y llagas en la boca. Si el veneno ha sido ingerido puede ocasionar, entre otros síntomas: convulsiones, temblores y pérdida de conciencia si es por **pesticidas**. Si es por **estricnina** hay vómitos, espasmos, diarreas y finalmente muerte. Los **raticidas** ocasionan falta de coagulación y se declaran hemorragias internas. En la mayoría de los casos hay fiebre alta y por eso conviene no abrigarle. Es imprescindible refrescarle la frente y el tórax, y darle muchos líquidos, hasta que podamos llevarle al veterinario.

Garrapatas

He aquí otros parásitos chupadores de sangre que pueden afectar también a los hombres. Se localizan en la cabeza y cuello, especialmente en los pliegues. Suelen tener entre 2 y 10 mm de longitud, aunque la más frecuente apenas supera los 2 mm y es de color violáceo.

Se desprenden anestesiándolas con alcohol o éter y retirándolas entonces lentamente con una pinza, sin brusquedades. Una vez extraída no se debe aplastar, puesto que así se propagan, sino quemarlas.

Gastroenteritis vírica

La causa suele ser por contagio con otro animal infectado y sus consecuencias suelen ser casi siempre mortales.

Síntomas:

Puede comenzar con vómitos intensos, diarreas incluso con sangre y fuerte deshidratación.

El mejor remedio es la prevención mediante la vacunación contra este parvovirus que se efectúa entre los 40 y 45 días del nacimiento. No es contagiosa hacia el hombre.

Golpe de calor

Es habitual a causa del descuido o falta de previsión de los dueños de animales. Un perro dejado en el interior de un coche en verano, aún con las ventanillas parcialmente abiertas, acusará pronto una intensa sofocación y la temperatura corporal subirá incluso más de 40º.

Síntomas:

Piel ardiente, lengua fuera, sopor, colapso circulatorio y frecuentemente coma.

El tratamiento no admite demora e incluye llevarle a un lugar fresco, darle agua, bañarle con agua tibia y poner su cabeza un poco más baja que el tórax. Hay que mantener su boca abierta y la lengua fuera, pues es así como se enfrían.

Hepatitis vírica

Está producida por un adenovirus, lo mismo que la laringo-traqueítis vírica, afectando en este caso al hígado.

Síntomas:
Falta de apetito, vómitos, diarrea y frecuentemente ictericia.
La enfermedad puede curarse con reposo, dieta adecuada y previniendo las infecciones secundarias, pero lo mejor es prevenirla mediante la vacunación. En medicina natural se recomienda el Cardo mariano y el Diente de león.

Leptospirosis

Se trata de una enfermedad infecciosa de origen bacteriano que se transmite por contagio directo entre animales o por ingestión de alimentos contaminados. También es frecuente que se propague a través de ratas y por la orina.

Síntomas:
Dolores abdominales, vómitos, diarreas, ictericia y presencia de sangre en las deposiciones.
Puede ser contagiosa para el hombre y especialmente importante en embarazadas. Se evita mediante la vacunación y es obligatorio declararla a las autoridades sanitarias.

Moquillo

El único remedio eficaz es la vacunación, aplicada inicialmente a los 40-50 días de vida y posteriormente a los 30 días, repitiéndose todos los años durante toda la vida del perro.

No es contagiosa para el hombre ni los gatos, transmitiéndose el virus por la tierra, suelo, heces, orina, saliva o vómitos. También es frecuente que se contagien por olisquear a otros perros, o comiendo alimentos infectados, e incluso por la respiración.

Síntomas:

Destilación por la nariz, tos, lagrimeo intenso, respiración fatigosa, inapetencia y frecuentemente vómitos y diarreas. En los casos graves puede existir encefalitis, meningitis, convulsiones y parálisis, no existiendo un tratamiento eficaz para curar la enfermedad.

Mordiscos

Son muy frecuentes y no conviene dejarlos sin tratamiento. La posibilidad de infección es muy alta puesto que a la herida en sí misma hay que añadir la presencia de tierra, saliva del otro animal, pelos y bacterias.

Lo mejor es bañar al animal herido con agua tibia y desinfectar luego la herida con los antisépticos habituales. Podemos aplicar también Equinácea o Própolis como remedios naturales eficaces. Si hay hemorragia intensa o aparece pus, hay que llevarle sin demora al veterinario.

Parasitosis

En este grupo hay que incluir las producidas por lombrices intestinales, hongos, ácaros y protozoos. No suelen ser graves, aunque la mayoría se transmiten al hombre. La más frecuente es la producidas por **ascaris,** una lombriz que se detecta en las heces y que tiene un tamaño de 5 a 10 cm. En las clínicas de veterinaria existen numerosos tratamientos eficaces para combatirlos. Como tratamiento natural se recomienda el Tomillo y el ajo.

Síntomas:
Puede haber náuseas, cólicos, vómitos, diarreas y en ocasiones lesiones internas gastrointestinales. Pueden diseminarse por el interior del cuerpo y también adquirirse en el momento del parto, si la madre está infectada.

El **anquilostoma** es otra lombriz, algo más pequeña y de color rojo, que puede producir anemia a causa de su gran deseo de sangre. Las heces suelen acusar presencia de sangre y ser de color oscuro.

La **tenia** puede alcanzar una longitud de hasta 2 metros y vivir mucho tiempo dentro del intestino. Se pueden detectar mirando la región anal del animal, puesto que suelen quedar pegadas en la parte externa.

La **Toxoplasmosis** afecta también al hombre y se adquiere por la ingestión de carne cruda contaminada, heces o por la placenta. En este último caso el feto puede quedar seriamente dañado o producirse el aborto.

Pulgas

Pueden afectar al animal y al hombre y viven en el cuerpo infectado, alimentándose de su sangre durante casi 8 meses. Depositan centenares de huevos y suelen emigrar durante el día. Se localizan levantando el pelo y por su color pardo rojizo, de un tamaño de 2 mm de longitud. Hay que buscarlas en el pelo, la cabeza, el cuello y la espalda.

Síntomas:
Rascado, inquietud, nerviosismo y movimientos bruscos en busca del parásito. El animal puede morderse a sí mismo o restregarse por los muebles de la casa.
Hay que desinfectar su hábitat, el lecho, los balcones, alfombras y hasta el cubo de la basura. Son especialmente útiles los collares y las gotas antipulgas aplicadas en el cuello.

Rabia

Afecta a todos los animales de sangre caliente, además del hombre, estando aún presente en todo el mundo. Se puede propagar por el zorro, murciélagos y otros animales infectados, siendo la saliva el medio idóneo, frecuentemente a causa de una mordedura.

Síntomas:
Los microorganismos llegan rápidamente al cerebro y ocasionan excitación, agresividad, alucinaciones, tendencia a morder y posteriormente la muerte.
El único tratamiento es el preventivo mediante la vacunación, obligatoria en todos los países.

Recuerde:

1.	Es imprescindible que vacune a su perro antes de los dos meses de edad.
2.	Es posible que su cachorro tenga diarreas los primeros días de adquirirlo. Es normal y solamente requiere un poco de adaptación.
3.	No exponga a su perro nunca al sol directo. Su nariz es especialmente sensible a las quemaduras.
4.	Saque a su perro a pasear al menos media hora al día.
5.	No lave al animal muy a menudo, aunque le agradecerá que le cepille a diario.

USO CORRECTO DE CHAMPÚS Y LOCIONES

Se trata de una forma cómoda y en ocasiones eficaz para tratar una gran cantidad de enfermedades cutáneas de los perros, aunque debemos guardar algunas precauciones sobre su uso generalizado. Hay que tener en cuenta que la mayoría de estos cosméticos llevan incluidas sustancias químicas no aconsejables para todo tipo de animal y que incluso pueden absorberse a través de la piel, especialmente cuando se recomienda dejarlos actuar unos minutos.

Estos productos suelen recomendarse como antiparasitarios de uso externo, contra la grasa, para lavado de heridas y para las infecciones por hongos. También es posible encontrar aquellos que mejoran los eczemas, y las dermatitis en general.

La primera recomendación es que no empleemos los cosméticos y productos que se utilizan en los humanos, ni siquiera en los niños, puesto que tanto el pH de la piel como la impermeabilidad de ésta, difieren sensiblemente. La piel de los perros, aunque nos pueda parecer lo contrario, no es más resistente a las agresiones externas y un simple champú empleado para el tratamiento de la caspa o los antiparasitarios utilizados contra los piojos, pueden causar importantes irritaciones en la piel de los animales.

Un baño empleado con sabiduría puede sustituir al tratamiento específico en las enfermedades de la piel, siempre y cuando use los productos medicinales adecuadamente disueltos en el agua. Mediante el baño se logra una mejoría rápida puesto que tanto el pelo como la piel permanecen húmedos mucho tiempo y hay una mayor penetración de las sustancias activas. Usted deberá consultar al veterinario sobre los medicamentos a añadir al agua, aunque sepa que también hay multitud de plantas medicinales que le serán de utilidad.

En cuanto a la duración, un baño inferior a los cinco minutos puede que no tenga ningún beneficio importante, siendo el tiempo más habitual entre diez y quince minutos. No emplee agua fría, ni siquiera en verano. Si para usted es agradable la temperatura también lo será para el perro y en este sentido sigue siendo recomendable un promedio de 30-36 grados.

Ojo:

El baño frecuente perjudica siempre a los perros, especialmente si emplea jabón. Después del baño hay que secarlo con toalla y en invierno con secador.

Recuerde:

• Las mejores plantas medicinales para las enfermedades de la piel son la Bardana, el Tomillo, la Equinácea y la Caléndula. Aunque un experto herborista no entienda de perros, le explicará sin problemas las utilidades de cada una de ellas.

El baño, además de la limpieza de la piel, hidrata superficialmente el pelo y la epidermis, ablanda las costras y la capa más dura, limpia eficazmente las heridas sin causar dolor, y alivia los picores y la quemazón en el caso del agua fría, mientras que la caliente se comporta como un buen analgésico.
Mejor que el baño prolongado es la ducha, puesto que a la acción del agua se añade la presión y la mejor oxigenación. Si desea incorporar plantas medicinales deberá empapar abundantemente al perro con agua y luego añadirle un extracto diluido por todo el cuerpo o por las zonas más afectadas.

Ojo:

No crea que el dolor es inevitable cuando tenga que lavar a su perro heridas o quemaduras. El agua empleada con delicadeza supone siempre un gran alivio y el mejor modo de limpiar y evitar dolores en las heridas y quemaduras.

Lea atentamente las instrucciones de los productos empleados, puesto que hay algunos que necesitan un tiempo mínimo para hacer efecto, mientras otros habrá que eliminarlos cuanto antes para que no erosionen la piel. Ponga especialmente cuidado en los ojos, nariz y orejas.

En concreto, los champúes actúan con bastante rapidez, pero deben ser eliminados una vez pasado el tiempo recomendado, frecuentemente no más de cinco minutos. Aclare siempre con agua abundante después de finalizar el lavado. Las lociones, por el contrario, hacen su efecto poco a poco y requieren más tiempo de permanencia. En estos casos es posible que no pueda aclarar la piel.

• De una manera genérica, los productos más activos y abrasivos se emplean en forma de champú, mientras que los más suaves y reparadores son como loción.

• Frecuentemente será necesario emplear los dos métodos en las enfermedades de la piel: primero lavar con un champú adecuado y luego continuar con la loción. Dejar actuar los principios activos algún tiempo y aclarar.

Otras recomendaciones sobre el baño:

1. Insistimos: el baño diario estropea y reseca la piel. Báñele solamente cuando esté sucio por haberse revolcado por el suelo. Aunque no le guste, los perros deben oler. No necesitan desodorantes ni colonias.

2. El champú para el baño no es imprescindible y frecuentemente elimina la capa de grasa protectora de la piel, con lo cual son más propensos a infecciones, tanto de vías respiratorias como de piel.

3. Los cachorros y los perros de razas pequeñas apenas necesitan bañarse; quizá una vez cada dos meses.

4. Los perros de pelo largo agradecen el cepillado diario y apenas un baño cada cinco semanas.

5.   No deje que el perro se seque solo, ni que permanezca quieto después del baño. Séquele usted.

Enfermedades de los cachorros

El problema con los cachorros, especialmente si usted no está acostumbrado a tener perros en casa, es que no saben expresar sus dolencias y para sus amos cualquier anomalía pasará desapercibida. Pero tenga en cuenta que un perro pequeño en esencia se comportará como un niño y por ello si observa que no juega, no come y está siempre tumbado, es posible que esté enfermo. Hágale caso cuando gima y no considere que todos los perros pequeños lloran porque se sienten solos. Llévele a un veterinario si su lloro es frecuente.

Estas son las enfermedades que padecen con mayor frecuencia durante sus primeros meses de vida:

Amebiasis

Afecta al intestino grueso, donde produce úlceras. Suele ser habitual en las zonas rurales y es frecuente que el perro tenga hemorragias que se detectan en las heces, falta de apetito y pérdida de peso.

Hay que realizar un análisis de heces e impedir que el perro pueda comer excrementos. Por eso deberá permanecer encerrado en casa hasta que se cure. Hay que lavarle bien la cara y la zona de la boca.

Áscaros

Está producida por los ascárides, gusanos redondos que alteran el movimiento normal del aparato digestivo y pasan hacia el hígado y los pulmones. Se trasmite a través de la placenta o de la leche materna.

Los cachorros acusan problemas del crecimiento, dolores gástricos y en ocasiones hay diarrea con moco. Existen diversos medicamentos eficaces para combatirlos y también es útil el Tomillo y el ajo.

Coranovirus

Se trata de una enfermedad infecciosa y muy contagiosa, producida por un virus que ataca el intestino delgado y que se transmite si el perro come heces infectadas.

La sintomatología comprende diarreas, vómitos, fiebre y fuerte postración. Aunque para su confirmación se requiere una biopsia del intestino, se percibe también por la presencia en las heces de sangre y mucosidad.

La vacuna existente es el mejor remedio puesto que no existe luego tratamiento eficaz, aunque es imprescindible mantener una hidratación adecuada.

Displasia de cadera

Se trata de una malformación congénita por un mal parto o hereditaria. Se percibe en los cachorros de menos de seis meses que manifiestan cojera en las extremidades de atrás, mientras que en los adultos veremos que les cuesta trabajo levantarse.

El tratamiento eficaz debe administrarse mediante cirugía en los primeros meses de vida del animal.

Enanismo hipofisario

Las deficiencias en el funcionamiento de la hipófisis pueden ser debidas por una incorrecta manipulación durante el parto o por motivos congénitos. También es posible que se den por infecciones bacterianas o tumores que afectan a la cabeza.
El animal crece insuficientemente, lo mismo que su pelo y puede acusar ciertas alteraciones del comportamiento.
Se puede tratar con hormonas del crecimiento o con mezclas adecuadas de aminoácidos.

Estreñimiento

Suele estar causado casi siempre por una deficiente alimentación, aunque también puede ser por obstrucción intestinal al comer huesos o pelos. También es frecuente al cambiar de alimentos, de lugar de residencia o por enfermedades metabólicas.

Hay que descartar otras patologías más graves antes de modificar la dieta, aunque es imperativo evitar que coma huesos muy blandos, cosas de plástico u objetos que vayan impregnados de comidas. Un estreñimiento requiere atención médica cuando se prolonga más de tres días.

El tratamiento normal incluye beber más agua, enemas y también hierbas como Cáscara sagrada o Frángula.

Hepatitis infecciosa

Enfermedad por un adennovirus que afecta al hígado y que se contagia por la ingestión de orina, heces o saliva de animales infectados. El animal acusa fiebre, apatía, sed, conjuntivitis y retrasos en la coagulación de la sangre, pudiendo haber también hemorragias de estómago.

Ahora se prefiere prevenir la enfermedad mediante las vacunas que se administran junto con la del moquillo. El tratamiento incluye la administración de antibióticos, transfusiones de sangre y dieta. Es útil el cardo mariano.

Invaginación intestinal

Se debe a un cambio brusco de la motilidad intestinal, provocada por parásitos, infecciones víricas o bacterianas que irritan la mucosa intestinal. Algunos medicamentos también lo provocan.

No existe medio alguno para prevenirla y la sintomatología comprende vómitos, dolor abdominal, postración y en ocasiones diarreas con sangre y moco.

Se confirma mediante radiografías y el tratamiento es mediante aplicación de papillas adecuadas por vía rectal o con cirugía.

Leptospirosis

Está causada por una espiroqueta que penetra en las mucosas y llega a los órganos a través de la sangre, siendo ésta la principal vía de contagio, aunque también puede ser causada por las secreciones corporales, o en charcos y aguas residuales.

Los síntomas incluyen fiebre, depresión, anorexia y hemorragias por nariz, ano y orina.
El tratamiento es mediante antibióticos.

Moquillo

Es una enfermedad vírica que ataca a los tejidos, al tracto digestivo, respiratorio y al sistema nervioso central. Se transmite por exudados de la nariz y bronquios o por ingestión de orina, causando problemas respiratorios, rinitis, irritación ocular, flemas y convulsiones.
El tratamiento incluye antibióticos, aunque es probable que queden secuelas posteriores. Lo mejor es la vacunación preventiva y evitar durante los cuatro primeros meses de vida que tenga contacto con perros.

Otitis

Se trata de infecciones por bacterias, levaduras o parásitos, generalmente ocasionadas por el roce entre madre y cachorro. Existe dolor intenso en el oído, mal olor en esa zona, dolor al palpar, sacudidas de cabeza y mucho exudado en el pabellón externo.
Hay que tener cuidado en no mojarle el oído por dentro al lavarle y extraer con cuidado cualquier cuerpo extraño que tenga.
Para aliviar el dolor se emplea aceite de oliva a 37° y frecuentemente antibióticos por vía interna.

Parvovirosis

Se trata de una enteritis muy grave que ocasiona alteraciones en las vellosidades del intestino y que suele cogerse por ingestión de materia fecal infectada.

Los síntomas incluyen vómitos, diarrea, heces hemorrágicas y líquidas que perduran hasta la muerte del cachorro, pudiéndose intentar su salvación mediante un control de las infecciones y la deshidratación.

Existen vacunas efectivas que se administran a partir de los seis meses de vida.

Tenia

Es producida por gusanos del tipo cestodos o tenias y generalmente se adquiere por la ingestión de heces que contienen larvas o por contagio de pulgas.

El perro está irritable, con el apetito cambiante, con mal estado general y no engorda. Preventivamente se aplica la desparasitación cada tres meses y para el tratamiento existen diversos medicamentos que expulsan a los gusanos y las larvas.

Traqueobronquitis

Enfermedad habitual en los criaderos, albergues, tiendas de animales, producida generalmente por un adenovirus, frecuentemente por la ingestión del exudado de perros infectados.

Los síntomas incluyen tos seca y continua, malestar en los ojos, fiebre y depresión, además de abundante mucosidad interna que tarda en salir.

El tratamiento debe consistir en mantener caliente al animal y administrar plantas medicinales como Pulmonaria, Drosera y Tomillo.

Raquitismo

Se debe a una carencia prolongada de vitamina D y fósforo, así como poca exposición a los rayos solares.

El cachorro acusa cojera, deformaciones óseas y agrandamiento de las extremidades de los huesos de crecimiento rápido.

Se puede evitar sacando al animal todos los días al sol y administrándoles suplementos pequeños y continuados de vitamina D, fósforo y calcio.

Normas para asegurar una buena salud en su cachorro

1.   Procure que sus uñas no crezcan demasiado, que estén fuertes y no se incrusten en la piel. Especialmente hay que cuidar el espolón trasero.

2.   Hay que evitar el estreñimiento. El agua y los aceites vegetales son un buen modo para evitarlo.

3.   Vigile su dentadura y trate de eliminar restos de carne o astillas de huesos que hayan podido quedar entre sus dientes o encías. Hay un polvo dental adecuado para realizar periódicamente la limpieza de sus dientes.

4.   No lave internamente sus orejas con agua, ni intente mantenerlas siempre limpias de cera. Déjelas húmedas y lubricadas. Si tiene que limpiarlas emplee aceite de oliva.

5.   No toque sus ojos con jabones de baño. Si se enferman emplee un simple algodón empapado en infusión de Eufrasia a 36 grados. No le lleve en el coche con la cabeza fuera de la ventanilla.

6.   Aunque no le guste, tendrá que limpiar periódicamente su región anal, puesto que si no lo hace el perro se rascará en la tierra y cogerá infecciones. Emplee para ello un trapo desechable empapado en Caléndula.

7.   No bañe a su perro con frecuencia y cuando lo haga no emplee champús enérgicos ni demasiada cantidad de ellos.

8.   Llévele siempre con su collar antiparasitario puesto.

Una alimentación correcta

Para que un perro crezca sano y fuerte es muy importante la calidad de su alimentación y que esta cubra todos los requerimientos físicos. Hay quien asegura que no hay mejor dieta para un perro que las croquetas, aunque no sabemos si se refieren a las que tomamos los humanos o a las que se venden para ellos, duras y con las vitaminas necesarias incorporadas.

En el mercado encontrará una gran variedad de comida preparada para los perros por personas expertas en nutrición, pero no se extrañe si a su mascota no le gustan, al menos al principio. Trate de mezclárselas con los alimentos normales que usted le prepara y poco a poco verá que se acostumbra a ese nuevo alimento, más saludable pero posiblemente no tan sabroso.

Los perros muy activos necesitan alimentos ricos en proteínas y por eso con los elaborados se asegurará por lo menos que está correctamente nutrido. Otra ventaja es que se evita la servidumbre de pensar cada día en lo que debe comer y son especialmente adecuados para cuando sale de viaje. Además, si calcula el tiempo que emplea en preparar usted mismo sus comidas y en lo que le han costado, verá que incluso le sale más barato comprarlas ya elaboradas. El único problema es el que ya hemos indicado: que al perro no le gusten esos alimentos con poco olor y frecuentemente también con poco sabor.

Otra gran ventaja es que esos alimentos ya procesados generan pocos problemas de intolerancia o alergias y es raro que puedan intoxicarle por estar en mal estado. No tiene que preocuparse por guardarlos en frigorífico, ni requieren unas precauciones especiales para su conservación durante varios días.

Cómo preparar un adecuado menú

Si a pesar de todas esas ventajas usted ha decidido darse una vuelta por la cocina para darle un sabroso guisado a su perro, aquí le damos unos consejos y un poco de orientación, no sin dejar de prevenirlo que por mucho que lo intente, en su cocina nunca logrará el equilibrio exacto para su perro.

Tenga en cuenta que:

- La cantidad de proteínas para el perro varía según su tamaño, su edad y actividad.
- Para un perro adulto, doméstico y de poca actividad física, las proteínas solo han de constituir el 18% de la dieta, los cachorros en crecimiento en cambio requieren el doble. Una perra que está criando necesita cuatro veces más que la de su dieta normal.

47

• Los hidratos de carbono se obtienen del pan duro o integral. Debe asegurarse que no vaya mezclado con carne ya que puede romper la dieta del perro.

• A los perros les encantan las manzanas y las frambuesas. Tanto las verduras como el caldo de ellas son una excelente dieta para ellos. Cuando el amo logre que su perro tenga una dieta balanceada tendrá un perro que crecerá sano.

Cómo escoger el mejor menú

Lo mismo que para las personas no existe un menú ideal, tampoco lo hay para los perros, aunque debe procurar que su alimentación sea variada y rica en nutrientes. Estos son los alimentos básicos, aunque puede tomarlos aprovechando la gran oferta del mercado en variedad y precio.

1. Carne de vacuno, cordero, pollo o pavo comprado fresco, más pan o galletas, un suplemento de vitaminas y algún resto de la comida de la casa.

2. Puede tomar sin problemas carne congelada o cocida igual que si fuera fresca, complementada con arroz o pan integral.

3. La carne que se vende en lata es igualmente adecuada y la puede mezclar con cereales, pan, galletas o con cualquier sobra.

4. También encontrará carne enlatada con cereales.

5. Una dieta no estaría completa sin esas croquetas duras de las que hemos hablado anteriormente.

6. Puede tomar los alimentos secos tal y como salen del envase, pero no le debe faltar una gran cantidad de agua cerca. Hay amos que prefieren, no obstante, mojarle estos

alimentos previamente con algo de agua, leche o caldos de verduras.

No se olvide incluir alimentos vegetales

Aunque los perros son carnívoros también pueden vivir sin comer carne frecuentemente. Los alimentos vegetales e incluso la dieta vegetariana, no le hará enfermar y será la idónea para casos de enfermedad.

Debe procurar que coma diariamente:

- Suficiente aceite vegetal en crudo, al menos dos cucharadas.
- Un huevo cocido.
- Un plato de legumbres cocidas.
- Puede añadirle levadura de cerveza desamargada mezclada con los alimentos.
- También puede consumir cualquier tipo de cereal.
- El queso le aportará el calcio que necesita.

Tenga cuidado con las toxinas

Son el terror de los amos, especialmente cuando el perro gusta de darse largos paseos en solitario por los alrededores. Incluso cuando le dejamos correr por un parque, bajo nuestra atenta mirada, es posible que coma algo que le intoxique gravemente.

Los desaprensivos colocarán los venenos unidos a alimentos de grato sabor y olor, solamente por el placer de verle morir posteriormente. No obstante, no crea que siempre que un perro es envenenado existe detrás una mano humana, puesto que frecuentemente la causa radica en el mismo perro. Hay numerosas plantas silvestres y hasta flores especialmente atractivas que son perjudiciales para los perros y entre ellas tenemos a la flor de pascua. Sin embargo, estas plantas no son tóxicas en demasía y lo que hacen es irritar ligeramente el tracto gastrointestinal, dependiendo de la cantidad ingerida.

Mucho más peligrosas son las bayas en general, como las del muérdago, sumamente venenosas incluso para los humanos y es mejor tener mucho cuidado cuando existan matas de muérdago colgante que pudieran suponer un foco de atracción para los animales domésticos. Incluso una o dos bayas de esta planta pueden ser fatales.

También son perjudiciales la mayoría de los productos para fertilizar o cuidar las plantas del hogar, lo mismo que casi todas las plantas que habitualmente existen en el interior de los hogares. Eso incluye al mismo árbol de Navidad, si permanece mucho tiempo en la misma habitación y el perro lo huele con frecuencia. Le producirá ronquera y en ocasiones dolores gástricos. Por supuesto, el agua que sobresale de las macetas regadas debe recogerse inmediatamente, puesto que los perros suelen beberla y les hará daño.

Fiestas de los humanos

Las plantas no son los únicos problemas. Las comidas de las fiestas, los dulces y los objetos decorativos pueden ser peligrosos para los animales domésticos. Una taza del sabroso chocolate con leche no suele causar envenenamiento a perros y gatos, pero una tableta entera de chocolate es probable que cause diarreas y que sea tóxica para los animales domésticos más pequeños.

Las cuerdas que soportan el oropel, esas láminas de latón que imitan al oro, parecen ser muy atractivas para los animales, pero el peligro de que las ingieran es muy alto y causarán a menudo problemas severos que exigen una intervención quirúrgica para evitar la muerte del animal. Por alguna razón, siempre que se organiza una fiesta en casa y se ponen elementos decorativos nuevos, a los perros les gusta jugar y mordisquear estos atractivos juguetes. Pero comer uno solo de ellos, incluidas las bombillas decorativas, puede suponer su muerte. A veces podemos encontrar a nuestro perro masticando en los alargadores de la luz que dan corriente eléctrica a los adornos o al tren eléctrico.

Más peligros

También es posible que la abundancia de comida en las fiestas suponga un peligro para sus mascotas, especialmente en cuanto a darle platos exóticos, precocinados o elaborados con aditivos exquisitos para nosotros, pero perjudiciales para los animales. Un pavo congelado y cocinado a 200 grados probablemente sea un plato indigesto para un perro y le ocasionará una pancreatitis pasajera.

La comida que se salga de lo habitual hay que evitar dársela, aunque el animal se ponga alrededor de nosotros lloriqueando por un trozo. La carne de pavo es especialmente indigesta, especialmente si está cubierta de rica salsa rosa o verde. Las sobras de las comidas deben ir a la basura y no al plato de los animales.

Los animales domésticos también ven alterado su ritmo de vida a causa de las fiestas familiares y eso les ocasiona siempre perjuicios y un aumento nada benéfico de su actividad. Ellos no pueden manejar bien la tensión que supone tener invitados en "su" casa, especialmente porque se les exige algo para lo que no están preparados. Su comportamiento habitual se centra en sus amos y en su rutina diaria, por lo que le será difícil adaptarse bruscamente a un tipo de obediencia nuevo. Lo mejor es mantenerlos apartados de los invitados y no alterarles sus horas de comida y descanso.

Si decide regalar su perro

Si ha considerado regalar su animal con motivo de fiestas o cumpleaños asegúrese que lo entrega perfectamente vacunado y verifique por si existen nuevas vacunas recomendadas en la zona en la cual vivirá. No es correcto pensar que sean sus nuevos dueños quienes se encarguen de todo, puesto que posiblemente no tengan experiencia en cuidar animales. Proporcióneles la dirección de su veterinario, las tiendas para los accesorios y oriénteles sobre las costumbres y manías de su perro.

Si tiene que realizar un viaje con el perro

Si no puede llevarse al perro con un usted deberá encontrar una residencia canina adecuada y de prestigio, delegando entonces en el veterinario todos los cuidados y hasta las autorizaciones necesarias para que le trate médicamente en el caso de que se ponga enfermo. Pero en el caso de que decida llevárselo, sepa que no es lo mismo el viaje en coche, que en avión o tren. Usted podrá llevarlo en cualquier medio, pero el animal seguramente necesitará diferentes cuidados. No suministre tranquilizantes a sus animales domésticos para viajar por **avión**, a menos que esté completamente seguro que es necesario. Una reciente encuesta sobre muertes repentinas de perros durante viajes en avión, reveló que la mayoría de los animales domésticos que se murieron había sido tranquilizados con medicamentos. Parece ser que se intensifican los efectos de los sedantes a grandes altitudes y aunque se presurizan las bodegas en donde tienen que estar, la presión atmosférica es siempre más baja que al nivel de tierra. Si usted tiene que tranquilizar a un animal doméstico siga exactamente las indicaciones del veterinario. Podría evitar así su muerte.

• No debe olvidar tampoco la posibilidad de dejar a su perro en una escuela de adiestramiento, aprovechando así para mejorar su comportamiento. Le tratarán igual que en los hoteles para perros, pero el animal estará entretenido y posiblemente no le eche tanto de menos.

Si decide llevarlo en el **coche** lo mejor es que disponga de su propia jaula o red, puesto que es sumamente peligroso, además de estar prohibido, que viajen en el compartimento de los viajeros. Por ello, no permita nunca que su perro vaya suelto en el coche.

En los viajes en **tren** es posible que le dejen llevar a su perro con usted si coge un coche cama con un compartimento reservado. Nadie les molestará y usted tampoco molestará a nadie. Si esta posibilidad no le gusta, sepa que tendrá que facturar a su perro al menos quince minutos antes de la salida del tren y pagar como si fuera un equipaje. Suelen estar bien tratados, pero lógicamente se sienten solos durante el viaje y es posible que se mareen. Consulte a su veterinario las opciones médicas para que el viaje resulte cómodo.

En el **barco** no suele existir tampoco problemas y hasta podrá compartir con usted el camarote. El mareo es casi obligado, así que consulte a su veterinario. Es importante que sepa que existen preparados homeopáticos para el mareo, muy eficaces y fáciles de administrar.

En cuanto al paso por **aduanas y fronteras**, es imprescindible que lleve con usted los certificados de vacunación, puesto que sino no le dejarán pasar.

La vacuna antirrábica deberá tener una antigüedad no menor de 30 días y su veterinario le tendrá que firmar un certificado sanitario oficial de salud reciente. Aún así, el cruce de fronteras con animales siempre es problemático, puesto que cada país posee sus normas propias. Infórmese antes.

En el caso de que adquiera un perro en un país extranjero, deberá exigir la factura de compra y todos los certificados sanitarios y vacunales. No se olvide ninguno, ya que, no le dejarán entrar con él en su país o al menos tendrán a su perro en cuarentena hasta que se compruebe su estado de salud. También es posible que le exijan un permiso de importación y tenencia.

Además...

Sepa que el Código Civil le carga a usted, como dueño del perro, de todas las responsabilidades y perjuicios sobre el mal comportamiento de su perro, especialmente si ataca a una persona. No le valdrá ninguna excusa, ni siquiera alegar que se le ha escapado o que el mal lo ocasionó cuando se extravió de su casa. Usted debe cuidar a su perro en cualquier circunstancia y solamente le eximirán de la culpa en el supuesto de fuerza mayor o cuando el culpable sea la otra persona.

Por eso es importante que enseñe a su perro a obedecer, tanto para que se siente o se tumbe a la menor indicación, como para que deje de ladrar o de agredir a una persona. Un perro es un buen aliado para su propia seguridad, pero en demasiadas ocasiones su respuesta es demasiado brutal e intensa. Un perro no debería defender nunca a su amo por iniciativa propia, sino exclusivamente cuando es ordenado. Por desgracia, la mayoría de los propietarios de perros prefieren que el perro se lance contra el supuesto agresor al menor indicio de violencia.

Últimos avances en medicina para perros

Ha sido aprobado recientemente para uso en perros un medicamento empleado hasta ahora para los caballos, con un buen efecto contra la osteoartritis. Es una medicación inyectable que se usa dos veces a la semana durante cuatro semanas y que ha demostrado ser benéfica en varios estudios. También se ha usado para ayudar en la prevención de la displasia de la cadera en cachorros susceptibles.

Un reciente estudio sugiere que la mejor manera de evaluar las alteraciones de la cadera consiste en realizar una radiografía a los 3 meses de edad y otra a los 18 meses. Este mismo estudio demostró que la mayoría de las displasias de caderas que se diagnostican como tales a los pocos meses del nacimiento, terminan corrigiéndose por sí solas a los dos años de edad.

En cuanto a novedades, está a punto de salir al mercado un nuevo antiinflamatorio que no posee los efectos secundarios habituales en el aparato digestivo. Se comercializará como Rimadyl y su tolerancia es la misma que la aspirina, mientras que los ensayos clínicos demuestran una mejoría importante en un 81% de los animales tratados.

También existe una variedad de la clásica aspirina, ahora masticable para perros, y algunas vitaminas con propiedades antioxidantes para evitar el envejecimiento prematuro.

Para uso veterinario hay un nuevo anestésico denominado comercialmente Rapinovet, que utiliza el propofol, y que mejora la acción de los habituales, pero sin provocar los mismos efectos secundarios.

Sobre la eutanasia en animales

Mientras que en los humanos la eutanasia es un tema controvertido, nadie se cuestiona esa misma moralidad en los animales, quizá porque ellos no pueden opinar. Lo que poca gente sabe son los métodos empleados por los veterinarios para matar al animal enfermo, ni el tiempo que dura, ni mucho menos si existe dolor en el proceso.

Cuando llega el momento de considerar la eutanasia como una buena opción, muchas personas desean que alguien les suministre una píldora o algo similar que ellos mismos puedan dar a su animal doméstico en casa. Es muy difícil lograr el valor necesario para llevar a un animal a la consulta del veterinario, sabiendo que luego no lo volveremos a llevar de nuevo a casa. Esto es aún más difícil cuando el animal doméstico se asusta habitualmente con las visitas al veterinario o muestra repugnancia obvia para acudir.

Los dueños de los animales están preocupados sobre la conducta del personal veterinario, especialmente por la posible carencia de comprensión hacia ellos y su dolor. Están seguros que nadie en esa clínica se pondrá triste por tener que matar a un animal a quien sus amos quieren tanto.

Pero habitualmente el personal de los hospitales veterinarios entiende perfectamente la importancia que los animales domésticos tienen para sus amos y por eso se suelen comportar con delicadeza.

Saben que nadie se comporta avaramente a la hora de tener que efectuar una muerte digna e indolora al animal y es frecuente que los profesionales sepan que esa muerte es similar a cuando perdemos a un amigo querido.

Desgraciadamente, los veterinarios no pueden distribuir medicamentos letales para que el dueño mate al animal en su propia casa. La razón es bien sencilla: esa misma medicación podría matar a un humano. Por ello se controlan esos medicamentos y se anotan todos sus usos para el posterior control de los organismos oficiales. Además, todas las medicaciones para la eutanasia que se emplean solamente existen en la modalidad inyectable, especialmente por vía intravenosa. El riesgo de que sea aplicada incorrectamente por un usuario inexperto es muy alto y muy probablemente le causaría un gran dolor al animal antes de su muerte.

Hay algunas diferencias en los agentes usados para la eutanasia pero la mayoría de ellos emplean un barbitúrico concentrado, aplicado de forma inyectable. El Thiobarbital tienen tres efectos que pueden inducir la muerte. Se trata de un depresivo bastante potente sobre la actividad del sistema nervioso central en el tallo del cerebro que lleva a la depresión de todas las funciones corporales controladas por esa zona del cerebro. También posee una acción responsable de la pérdida de conciencia si se aplica en las dosis adecuadas y en grandes dosis tienen un efecto depresivo directo que afecta al músculo cardíaco y causará el cese de su función. Esta probablemente es la causa real de la muerte en la mayoría de los casos cuando se usan los barbitúricos para la eutanasia. Hay también una depresión respiratoria asociada, pero probablemente no es un factor importante, puesto que los otros efectos son más rápidos.

La conclusión es que tanto la pérdida de la consciencia, como la depresión cardíaca posterior, nos llevan a considerar que el animal no sufre ningún dolor. Este tipo de información no se suele aportar a los dueños de los perros sacrificados, pero creemos que les ayudará bastante al saber que no sufren.

Glosario de perros:

Este es el diccionario secreto que poseen los perros y que ahora ha sido divulgado a los humanos

Amor:
Es un sentimiento de intenso afecto, dado libremente y sin restricción. La mejor manera que usted puede mostrar a su amo que le quiere es meneando su cola. Si tiene suerte, encontrará también a un humano que le quiera.

Babear:
Es lo que usted hace cuando sus amos tienen comida y usted solamente mira. Para hacer esto adecuadamente debe sentarse en el suelo, cerca de ellos, y parecer triste mientras su baba cae al suelo en gran cantidad. Si es posible, hágalo en su regazo.

Baño:
Este es un proceso por el cual los humanos mojan el suelo, paredes y a ellos mismos. Usted puede ayudar agitando vigorosamente y frecuentemente su cuerpo cuando lo tenga también mojado.

Bicicletas:
Son las máquinas para pasear y hacer ejercicio sobre dos ruedas, inventadas para que los perros corran detrás para controlar la grasa del cuerpo. Para conseguir un máximo beneficio, usted debe esconderse detrás de un arbusto y salir bruscamente cuando la vea. Entonces hay que ladrar ruidosamente y correr junto a ella un buen rato. En ese

momento la persona hará desvíos y giros entre los arbustos, y usted podrá ejercitarse aún mejor.

Cama de perro:
Cualquier superficie suave, limpia, como el sofá recién limpio o la cama de los amos lista para revista.

Choque:
La mejor manera para conseguir la atención de su amo cuando está bebiendo una taza de café o té.

Choque con caída:
Una maniobra para usar como último recurso cuando el choque anterior no consigue la atención que usted requiere. Especialmente eficaz cuando lo combina con un lametón si su amo se ha hecho daño al caer.

Cesta de la abuela:
Éste es un juguete para perros lleno de papel, sobres, y con muchas fotografías viejas. Cuando usted se aburre, lo puede abrir y esparcir los papeles por la casa hasta que su amo llegue.

Cubo de basura:
Un recipiente que sus vecinos sacan a la calle frecuentemente para probar su ingeniosidad. Usted debe ponerse de pie en sus patas posteriores y tiene que intentar empujar la tapa fuera con su nariz. Si lo consigue, seguramente será premiado con envolturas de margarina, carne y huesos para consumir, y muchas cortezas mohosas de pan.

Obediente:
La contestación de todo buen perro cuando escucha "¡siéntate!", sobre todo si su amo se viste para salir a la calle con él. Increíblemente eficaz antes de que nos pongan la correa.

Olfatear:
Una costumbre social que puede usarse cuando se saluda a otros perros. Ponga su nariz como mejor pueda cerca del trasero de otros perros e inhale profundamente. Hágalo varias veces, o hasta que su amo le obligue a detenerse. Los humanos, incomprensiblemente, nunca lo hacen.

Sordera:
Esta es una enfermedad que afecta a los perros cuando su amo los quiere entrar en casa y ellos quieren quedarse fuera. Los síntomas incluyen: mirar fija e inexpresivamente a la persona, correr entonces en la dirección opuesta, o tumbarse.

Traílla:
Correa que atan a su cuello y que le permite llevar a su amo donde usted quiere ir.

Trueno:
Este es un síntoma de que el mundo está acabándose. Los humanos permanecen increíblemente tranquilos durante las tormentas, pero es necesario advertirlos del peligro temblando fuertemente, jadeando, girando los ojos ferozmente, y siguiéndoles de cerca.

Sofás:
Es a los perros como las servilletas es a las personas. Después de comer es cortés ponerse frente al sofá y limpiarse los pelos del bigote de arriba abajo. A veces también es usado como un juguete para masticar.

LA CASA APROPIADA PARA SU PERRO

Una de las primeras cosas que usted debe hacer es preparar la cesta donde dormirá su perro. Si lo habilita en un lugar de la casa, con una manta en el suelo, también necesitará una cesta para guardarle cuando se lo lleve de viaje, e incluso le podrá llevar allí si tiene que dejarle con un amigo o en una residencia canina. Además, con ello protege a su perro y por supuesto a su casa de cualquier estropicio.

Consiga una canasta para perros que esté de acuerdo con el tamaño que adquirirá de adulto, no ahora cuando es cachorro. Ponga una toalla o alfombra dentro de la canasta junto con un cuenco de agua. Presente a su perro la canasta poniendo la comida en ella y permitiéndole que entre y salga cuando quiera. Esto le ayudará a sentirse cómodo. No compre una cesta o casita con cerradura, pues esto le causará pánico y nunca más querrá volver a entrar en ella.

Cuando el cachorro se encuentre ya cómodo dentro de su nueva casa, empiece a cerrar la puerta cuando esté dentro. Haga esto por periodo cortos de tiempo y felicítelo mientras él está dentro. En cuanto empiece a mostrarse nervioso, abra la puerta y permítale salir.

Si un perro se siente cómodo con esta vivienda perruna, la considerará como su cubil y preferirá ir allí a descansar y dormir.

EL MEJOR LUGAR PARA SU CACHORRO

El trabajo de cuidar la cesta del perro es muy pesado pero supone parte imprescindible del requisito de tener un cachorro. La mejor manera de hacer esto es disponiendo de una canasta adecuada. Ponga a su cachorro en la canasta siempre que usted no pueda estar físicamente con él y eso le ayudará a tenerlo bajo control. Esto incluye cuando usted duerma o esté ocupado haciendo cosas en la casa.

Los perros tienen un instinto natural que les impide ensuciar su propia cama o lugar de residencia pero, aún así, terminarán por ensuciar su canasta si no le permite muchas oportunidades para salir libremente. En cuanto usted quite al cachorro de la canasta, llévelo directamente fuera, al lugar que se supone sea adecuado para hacer sus necesidades. Mírelo muy cuidadosamente y en cuanto él parezca que está a punto de ir, dé una orden como "Vete" o "Házlo", o cualquier cosa que usted escoja. Sólo diga esta orden cuando esté convencido de que tiene intención de ir al lugar correcto. Tiene que conseguir que asocie un lugar con sus necesidades fisiológicas, además de con una palabra suya. Después que el cachorro haya terminado, tráigalo con usted e intente que permanezca al menos media hora en su canasta. Así conseguirá que permanezca también allí quieto algún tiempo determinado.

Si su cachorro se hace sus necesidades en la casa, no le castigue a menos que usted le coja en el acto. Si es así, vaya corriendo hacia él, agárrelo por la parte de atrás del cuello y diga "¡No se hace!" enérgicamente. Entonces llévelo inmediatamente fuera a su lugar designado para ello. La técnica consiste en asustarlo, pero sin hacerle daño físico. Si usted no lo coge en el acto, simplemente ponga el cachorro en la canasta hasta la próxima vez que sienta necesidad. No le reprenda ya porque no le servirá de nada.

UN COLLAR PARA CADA PERRO

Ponga inmediatamente un collar a su cachorro en cuanto usted le traiga a casa. Probablemente se rascará y lo morderá durante un día o dos, pero no se lo quite. Él se acostumbrará en el futuro a llevarlo y se tranquilizará pronto.

Una vez esté acostumbrado a llevarlo, ponga entonces una correa y llévele así un poco por los alrededores de la casa. Cuando parezca estar cómodo con el collar y la correa, pruebe a quitar la traílla y déjele que le siga sin ayuda especial durante algún tiempo, siempre alrededor de la casa. Después de unos días, vuelva a ponerle la traílla e intente conseguir que vaya sin problemas por sitios más complejos, e incluso entre personas. Cuando perciba que está cómodo con esto, puede empezar a enseñarle algunas órdenes concretas, como por ejemplo a sentarse y esperar.

CADA PERRO REQUIERE UN CUIDADO DIFERENTE

Siempre pregunte a su veterinario o cuidador sobre qué accesorios deben usarse en la canasta del perro. Muchas requieren un procedimiento de limpieza muy diferente, especialmente cuando el perro tiene mucho pelo y lo muda con frecuencia.

También deberá tener algunas herramientas útiles, como son un peine contra las pulgas, un cepillo más suave, y un cepillo de cerdas. También se necesitarán tijeras y cortaúñas.

Cuando usted esté listo para empezar a cuidarlo, recoja todas las herramientas que vaya a usar y póngalas sobre una mesa alta. Lo de escoger una mesa es una buena idea por dos razones: primero, trabajará más cómodamente, y segundo, el perro se acostumbrará a que le cuiden en una mesa. Su perro aprenderá pronto a distinguir entre jugar en el suelo y estar tranquilo en la mesa. Ponga una estera antideslizante en la mesa y sitúe a su perro encima de ella. Este accesorio le será imprescindible, puesto que los manteles habituales son muy resbaladizos y el perro tendrá pánico a subirse a la mesa desde el primer día. Una vez que esté ya el perro encima de la mesa y tenga todas sus herramientas disponibles, empiece frotando al perro con sus manos. Esto le tranquilizará y el cepillado real no le asustará. Sostenga al perro por el cuello o por la barriga, dependiendo en qué posición esté usted más cómodo.

EL CUIDADO DE LOS PERROS DE PELO CORTO

La mayoría que los perros con el pelo corto no requieren muchos cuidados. Sin embargo, si su perro es grande y pesado, el cuidado frecuente puede ayudar a mantener su piel en perfecto estado. Empiece usando el cepillo más adecuado para quitar enredos y empléelo por todo el cuerpo. Luego, cepille el cuerpo entero con el cepillo de cerdas para quitar cualquier pelo suelto y la suciedad. Finalmente, use el peine contra las pulgas para repasar áreas como la cola y asegúrese que no le quedan parásitos.

Para las pieles muy lisas, los cepillos enérgicos no son necesarios, pero un cepillo de caucho es muy recomendado.

EL CUIDADO DE LOS PERROS CON PELO LARGO

Los perros melenudos normalmente requieren diariamente el cepillado, sobre todo si ellos son propensos a los enredos. Una vez más, use los tres cepillos básicos para el aseo completo. Tenga un cuidado especial para no darle tirones de pelo. Si los enredos son un problema y no pueden quitarse usando el cepillo, trate de cortárselos con una tijera adecuada. También, no se olvide de arreglar cuidadosamente la zona alrededor de los pies y las orejas, aunque nuestro consejo es que deje las labores más delicadas y las relativas a la belleza del perro en manos de un cuidador profesional.

EL ARREGLO DE SUS UÑAS

Antes de arreglar las uñas, limpie entre los dedos de los pies del perro con un algodón húmedo. Sólo use cortaúñas para perros, específicamente diseñados para ello. Ponga un brazo alrededor de su perro y agarre uno de sus pies. Sujete entonces sólo la punta pequeña de la uña, y evite cortar rápidamente o con profundidad. Puede ser necesario en ocasiones requerir la ayuda de un veterinario para realizar esta aparentemente sencilla operación. Lime adecuadamente después los bordes ásperos que hayan quedado.

LIMPIEZA DE LA CARA

Quite suavemente la mucosidad de alrededor de los ojos con un trozo húmedo de algodón. También limpie dentro del ala flexible de la oreja con otro pedazo de algodón, pero no entre profundamente en la oreja. Si su perro tiene arrugas, extienda la piel y limpie en los pliegues.

DANDO UN BAÑO A SU PERRO

Ponga a su perro en una estera antideslizante y dúchele con agua templada encima de todo el cuerpo. Enjabone primero el cuerpo y luego la cabeza.
Use ambas manos para enjabonar la cabeza y asegúrese que no le entra nada de jabón en los ojos o la boca. Enjuague luego empezando por la cabeza y después el resto del cuerpo. Cualquier jabón que permanezca en su piel puede causar una posterior irritación. Emplee luego una toalla adecuada y en invierno posiblemente le será necesario usar el secador, aunque no muy caliente.

ENTRENANDO A SU PERRO

Las cinco palabras claves en la educación de su perro

1.   La orden de "siéntate"

¡Siéntate!, es una de las ordenes más fáciles de enseñar y debe ser la primera que se practique. Esto permite que su perro pueda aprender las demás. Empiece por estar con su perro en un lugar donde no tenga otras distracciones. Póngase al lado de su perro y diga "siéntate". Al mismo tiempo, con su mano y suavemente, haga presión descendente en su parte trasera. Él debe sentarse inmediatamente. Si lo hace así, muéstrele gestos de alabanza, pero no demasiado. Haga que se ponga de pie, y repita este procedimiento diez o quince veces. Intente hacer esto dos veces al día hasta que él lo aprenda.

2.   La orden de "Abajo"

Para entrenar la orden de "abajo", empléela con su perro después del "siéntate". Cuando su perro se siente, no lo alabe. Diga la orden de "abajo". Entonces inmediatamente debe agarrarle sus dos piernas frontales y las hace resbalar al frente. Esto lo tirará hacia la posición de "abajo". Entonces tome su mano y póngala en la parte de atrás para que entienda que usted quiere que se quede allí. Repita esta orden 10-15 veces durante cada sesión de entrenamiento.

3.   La orden de "Quédate aquí"

Pídale a su perro que se siente y dígale entonces "quédate aquí". Al mismo tiempo, ponga la palma de su mano delante de su cara. Entonces camine dos pasos atrás. Si su perro lo sigue, entonces serenamente lo reemplaza a la posición original y repite el orden. Si su perro se queda, entonces lo alaba y le da un obsequio. Cada vez que tenga éxito, camine atrás un poco más lejos. Si falla en alguna orden, entonces una vez más lo pone en la posición original e insiste, pero sin irse tan lejos.

4.   La orden de "Ven aquí"

El "ven" o "aquí" es una orden ligeramente más difícil. Debe escoger primero una de las dos y emplearla siempre. Nunca use órdenes diferentes que significan las mismas cosas. También, nunca combine ambas palabras pues esto solamente confundirá a su perro. Para hacer esto más fácil, es importante que usted nunca llame a su perro para reñirlo o hacer algo que no le gustaría, por ejemplo, darle un baño. Haciendo estas cosas, su perro asociará "Ven" con dolor o castigo.

Empiece poniendo a su perro una traílla larga. Hágale sentarse y quedarse quieto, y entonces sepárese aproximadamente un metro delante de él. Vuélvase, mírelo de frente y diga la orden de "Ven". Al mismo tiempo, arrodíllese en tierra y muéstrele un obsequio.

Si se muestra vacilante para llegar hasta usted, haga un pequeño tirón con la traílla, suavemente. Esto debe hacer que se levante y se mueva hacia usted. Cada vez que el perro logre interpretar la orden con éxito, camine un poco más atrás y repita la orden.

5.   La orden de "Camina a mi lado"

La orden de caminar unidos no es un orden difícil para enseñar, pero le llevará algún tiempo a su perro aprenderla y frecuentemente ambos quedarán frustrados. Empiece poniendo una correa corta en su perro y hágale sentarse a su lado. Entonces comience a caminar delante de él y en cuanto vea que empieza a caminar, déle la orden "Camina a mí lado". Deje la cuerda lo suficientemente corta como para que pueda ir a su lado sin problemas, aunque no demasiado floja. Si nota que comienza a desviarse, dé un tirón rápido en la correa y repite la orden correcta.

CAPÍTULO 2

EL CUIDADO DE LOS GATOS

Tantas veces hemos oído la frase "Se llevan como el perro y el gato", que nos la hemos terminado por creer.

Antagonistas por naturaleza, con un sentido de la territorialidad y de sus obligaciones totalmente diferentes, aparentemente resulta bastante difícil que se pongan de acuerdo y que puedan convivir juntos.

Depredador por instinto, especialmente hacia los ratones y los pájaros, imprevisible en sus reacciones y sin ningún deseo de proteger a sus amos, el gato suele ser el señor de la casa. Su gran facilidad para adaptarse a cualquier ambiente, incluso a vivir al aire libre y sin hogar, hace que suela aceptar sin problemas convivir con humanos o con los de su misma especie.

Dotado de estupendas cualidades para defenderse, una gran capacidad y velocidad de reacción, y un sexto sentido para presentir el peligro inminente, el gato requiere menos atenciones que el perro, tanto a nivel físico como de compañía. Puede permanecer largas horas solo sin que nos eche de menos y ni siquiera dará saltos de alegría cuando le volvamos a coger en brazos después de estar ausentes unos días. A cambio, le tendremos siempre allí, a nuestro lado, acurrucado y ronroneando mientras vemos la televisión, sin exigirnos que le saquemos a pasear o juguemos con él.

Con frecuencia, una simple pelota le mantendrá activo y entretenido durante largo tiempo. Esta faceta supone una sensible diferencia con el perro, puesto que ni necesita una correa, ni que le saquemos a la calle todos los días para pasear. Poco amigo de confraternizar con los extraños, no necesita apenas que le eduquemos y aprende por instinto dónde es el lugar elegido por su amo para que haga sus necesidades. Se trata, pues, de un animal doméstico para quien gusta sentirse acompañado de habitación en habitación, incluso en la cama, sin necesidad de dedicar demasiado tiempo a su cuidado. El gato, ya lo sabemos, sabe cuidarse a sí mismo.

Recomendaciones básicas para los gatos

• Apenas serán necesarios más de 15 minutos diarios para que cuide de su gato, esencialmente para que limpie su bandeja.

• No crea que dándole los restos de su comida estará mejor alimentado. La comida que venden preparada es barata y adecuada para su nutrición.

• Si tiene el pelo corto cepíllele una vez a la semana, pero si es largo quizá le será necesario hacerlo todos los días.

• No es un animal domesticable, así que posiblemente nunca conseguirá educarle a su gusto. Lo mejor es que usted sepa pronto sus costumbres y se adapte a ellas.

• Los gatos suelen vivir entre 12 y 14 años y cuando tienen ya un año de edad se les puede considerar ya adultos, mientras que otro de diez años habrá entrado en "la tercera edad".

• Un gato de buen carácter debe ser apacible, paciente y juguetón. Si de pequeño araña o bufa, no lo adquiera porque esa costumbre seguramente no la abandonará nunca.

• Las razas más tranquilas son el gato Persa y el sagrado de Birmania, mientras que el Europeo y el siamés, son más problemáticos.

• Un gato maltratado puede ser especialmente agresivo.

• La época de celo se efectúa dos veces al año, tanto en los machos como en las hembras y suele durar 30 o 40 días seguidos.

• Las hembras en celo están inquietas, maúllan y pierden el apetito.

- Si no encuentra un lugar adecuado para orinar tratará de salir de casa, escaparse. También es frecuente que lo hagan en ventanas y puertas, pues desean marcar su territorio.
- Los gatos machos tienden a vagabundear fuera de la casa y muestran algo de agresividad territorial, por lo que es frecuente que terminen heridos en las peleas.
- Las hembras ejercen una fuerte atracción hacia los machos y son propensas a infecciones uterinas.
- El gato es solitario, no trate de que sea sociable.
- Los que han nacido en la calle suelen desconfiar del ser humano y huyen de él.
- Si quiere que su gato sea cariñoso, sea usted cariñoso con él. Acaríciele con frecuencia y no le pegue.
- Tenga cuidado con su relación con los niños extraños. Puede comportarse de manera agresiva e imprevista.

Las vacunas en los gatos

Existen opiniones que difieren de la opinión médica, y que piensan que la vacunación es un riesgo. ¿Se necesita realmente vacunar a un gato? La respuesta más corta es que sí, pero muchas vacunas, sin embargo, no son necesarias.
La pregunta de si se debe vacunar o no, no sólo ocurre con los gatos, sino con todas las razas de perros. Se considera que la vacunación es una alternativa necesaria para los humanos, para evitar arriesgarse a padecer enfermedades durante nuestra vida en común con los animales. Esta opinión evalúa, pues, las vacunas como un bien exclusivamente para nosotros, sin tener en cuenta el beneficio que puedan suponer para los animales.

Inicialmente el uso de las vacunas fue considerado bajo este punto de vista, pues todo el mundo sabía que los humanos podíamos contagiarnos con muchas de las enfermedades de nuestros animales, especialmente de aquellos que habitualmente están en la calle o el campo.

Los primeros veterinarios que empezaron a recomendar las vacunas sistemáticas en los animales domésticos alegaban, además, que los beneficios de la vacunación pesaban más que los riesgos. Sus advertencias eran acertadas pero en la medida en que las vacunaciones se generalizaron en todo el mundo, los mismos veterinarios comenzaron a ignorar los riesgos de la vacunación y llegaron a convencerse, y a convencernos, que eran totalmente inocuas. Esto no es así y las experiencias nos lo demuestran, y aunque las consideremos como necesarias no podemos ignorar las frecuentes reacciones y efectos secundarios que producen.

Cuando las vacunaciones empezaron a ser usadas indiscriminadamente, los problemas aparecieron. Las vacunas elaboradas con gérmenes vivos modificados causaron con frecuencia enfermedades y aunque su divulgación tardó algunos años en hacerse pública, algunas enfermedades, como la osteodistrofia, han sido consideradas ya como un efecto secundario relacionado con una vacuna. La solución ideal a estos problemas llegó mediante el uso de las vacunas con gérmenes muertos, aunque la pregunta sobre la posibilidad de que también así puedan tener efectos secundarios quedó nuevamente en el aire.

Un problema añadido a esta nueva forma de elaborar vacunas es la mayor dificultad que tiene el cuerpo para elaborar defensas a partir de virus muertos. Es como si no reconociera la presencia del enemigo al no estar activo, lo que parece lógico si lo analizamos desde un punto de vista simplista. Para conseguir buenos resultados se añadieron compuestos especiales, cuya misión sería la de irritar el sistema inmune y causar una reacción para que se formaran anticuerpos. La mayoría de los profesionales pensaron que, por fin, las vacunas con gérmenes muertos podían ser igual de eficaces y más inocuas. Desgraciadamente, esto no ha sido verdad como posteriormente se ha demostrado. Hay ya bastantes evidencias entre la vacunación con estos medicamentos y el fibrosarcoma (una forma de cáncer) en los gatos. Las vacunas realizadas con virus muertos no producen una fuerte respuesta del sistema inmunitario en la mayoría de los casos, incluso aquellas que llevan mezclas, por lo que nunca podremos estar seguros de que el animal esté eficazmente vacunado. El fibrosarcoma es un riesgo serio y ha obligado a los veterinarios a reconsiderar la utilidad y eficacia de algunas vacunas.

Hay otra clase de vacunas que se recomiendan también, elaboradas ahora con tecnología genética. Parece ser que es posible cambiar un virus benigno para que produzca elementos similares a los que generan los virus de la enfermedad y así lograr que el cuerpo los reconozca y pueda reaccionar a ello. Esto proporciona lo mejor de las vacunas tradicionales, pues aportaría un virus real, vivo, y la consecuente estimulación del sistema inmune. El virus en esencia es inocuo, pero produce proteínas que el cuerpo recuerda y le permite identificar la enfermedad que causa el virus. Cuando la enfermedad que causa el virus se desarrolla posteriormente, el cuerpo está listo para defenderse contra ella.

Nuestra experiencia es que cualquier avance o novedad en el mercado farmacéutico obliga a ser prudentes y a no creernos todos los beneficios anunciados hasta que pasen algunos años de uso continuado. Si serán o no estas las vacunas decisivas en los animales, el tiempo lo dirá.

En las circunstancias presentes lo mejor que podemos hacer es evaluar el riesgo de enfermedad que pueda tener cada animal en concreto, en este caso los gatos, y compararlo con los posibles efectos secundarios de la vacunación. En la actualidad se considera que las vacunas con gérmenes muertos no son demasiado eficaces y aún así tienen efectos secundarios, aunque hay algunas, como la de la rabia, que deben ser administradas sin dudar dada la gravedad de la enfermedad que tienen que proteger.

Por ello, parecen ser recomendables actualmente las vacunas vivas modificadas, pues no se conocen aún efectos secundarios importantes y es necesario tener algún medio para proteger a los humanos del contagio de sus animales. Si estos medios pueden hacer daño al animal, parece obvio que aún así consideremos como imprescindible la vacunación, puesto que nuestra salud y nuestra vida debe anteponerse a la del animal. La conclusión es que las vacunas deben usarse cautamente y razonando mucho sobre los riesgos reales de cada animal en concreto. Vacunar indiscriminadamente a un gato que no sale nunca de casa puede parecer un error, aunque la decisión tiene que tomarla el veterinario.

Algunas manifestaciones sobre la conveniencia o no, de vacunarles.

• Yo tengo un gatito de Bengala de 13 semanas. El criador al que yo lo compré insistió que había que vacunarlo con una vacuna de virus muertos. Cuando yo mencioné esto a mi veterinario, él discrepó fuertemente con el consejo de los criadores. Mi veterinario dijo que una vacuna de virus muertos no proporciona protección adecuada contra las enfermedades y recomendó en cambio usar una vacuna viva modificada.

• Yo he hablado con otros criadores de gatos de Bengala de esta materia y todos están de acuerdo en que una vacuna con virus muertos es lo más seguro para estos gatos. Mi pregunta es: ¿la protección con estas vacunas contra la enfermedad es segura? ¿Puede perjudicar si en un futuro se le vacuna con otras vacunas diferentes? También quisiera saber quién me puede dar la respuesta más correcta, si es que la hay.

• Yo tengo 12 gatos y todos viven dentro de mi casa pero juegan en el patio de la parte de atrás. No pueden salir del patio, pues he colocado una malla que bordea el patio, aunque no puedo impedir que los gatos callejeros entren. Por ese motivo necesito vacunarlos. Es bastante caro conseguir vacunaciones para 12 gatos en la consulta del veterinario y aunque confío en él apenas puedo permitirme el lujo de mantener el ritmo de las vacunas. He estado considerando vacunarles en casa, pero en mi investigación averigüé sobre el problema del sarcoma y su relación con las vacunas. Cuando le pregunté a mi veterinario, dijo: "esto nunca ocurre con las vacunaciones intramusculares, solamente con aquellas que se administran por vía subcutánea". ¿Es esto cierto? Y en ese caso, ¿es cierto que se puede administrar intramuscularmente una vacuna diseñada para inyección subcutánea?

• Yo he leído que los fibrosarcomas ocurren cuando se administra la dosis de recuerdo de las vacunas y que no se dan con la primera inyección, mucho menos si es intramuscularmente. No puedo recordar al autor de este estudio, pero estoy seguro que hay otros datos a favor de esta conclusión. Además, el riesgo de una reacción sensible a la vacuna es más alto cuando entra directamente en el torrente sanguíneo por error.

• Puede haber algún beneficio dando la vacunación de la rabia y la vacunación de la leucemia felina en momentos diferentes, aunque hay poca evidencia para apoyar esta teoría y demostrar que es un problema administrarlas al mismo tiempo.

• Por prudencia se recomienda ya no ponerlas juntas, sin embargo, puede que el problema esté más en la cantidad de vacuna empleada que en otros factores (opinión de un veterinario).

Las diferentes vacunas

• Rabia
• Panleucopenia (Moquillo)
• Rinotraqueítis
• Leucemia felina
• Peritonitis infecciosa felina
• Chlamydiosis
• Fibrosarcoma

Recomendaciones especiales:

Calicivirus

Este virus también causa una enfermedad respiratoria aguda que con frecuencia se vuelve crónica. Los gatos afectados pueden tener recidivas frecuentes hasta que se convierte en una enfermedad de las vías respiratorias altas crónica. Se contagia por contacto directo y a través de la saliva y lágrimas.
Se ulcera la mucosa del paladar y la lengua, hay goteo de la saliva e intenso dolor al tragar y masticar. No es contagiosa para los humanos.

Chlamydiosis

Ésta es una enfermedad respiratoria bacteriana frecuente en los gatos. Generalmente se cree que las inyecciones con una combinación de vacunas que incluyen esta bacteria probablemente sea la causa de las reacciones indeseables. Por eso debe investigar la frecuencia de esta enfermedad en su barrio y si es muy baja no está justificada su administración. De todas las maneras, consulte a su veterinario.

Fibrosarcoma

Mientras que para la prevención de la rinotraqueítis y el moquillo se emplean virus vivos modificados, para el fibrosarcoma se emplean vacunas intranasales por su menor incidencia de efectos secundarios, aunque no siempre son fáciles de conseguir.

Leucemia felina

El virus de la leucemia felina requiere un contacto directo con un gato infectado para que se pueda extender. Por esta razón, quizá no sea necesario vacunar a los gatos confinados en casa. Algunos veterinarios, no obstante, recomiendan hacerlo porque el riesgo de que un gato que habitualmente está en casa salga al exterior es alto y con un solo contacto cogerá la enfermedad.

El problema es que tampoco se puede garantizar que las vacunas estén exentas de peligro, ésta tampoco lo está, y por eso no podemos recomendarla en los gatos caseros, aunque parece imprescindible para animales que viven en el campo o disponen de un patio exterior para sus juegos.

Panleucopenia

Panleucopenia es el término correcto que se emplea para definir la enfermedad llamada también "moquillo del gato". Sabemos ya que es una enfermedad mortal, aunque afortunadamente no es una enfermedad muy común porque la vacunación masiva ha tenido mucho éxito. Puesto que este virus no siempre requiere contacto directo para la transmisión, está generalmente incluido en la serie de vacunaciones recomendadas para todos los gatos.

Se trata de una gastroenteritis vírica que afecta durante toda la vida del gato, aunque con más facilidad justo al destetarse. El contagio se hace por la ingestión de heces, vómitos u orina contaminada, aunque también es posible por contacto directo con un animal infectado. No es contagiosa para el perro ni para el hombre.

Peritonitis Infecciosa felina

Para esta enfermedad existe igualmente una vacuna, pero su baja incidencia tampoco justifica la vacunación generalizada, a no ser que usted tenga en su casa un número grande de gatos. Respecto a la validez de esta vacuna parece ser que es muy eficaz.

Rinotraqueítis

La rinotraqueítis está causada por un virus del herpes. Provoca una enfermedad respiratoria aguda y si no se cura adecuadamente entra en una fase crónica que puede ser causa de irritación persistente del ojo. La córnea queda afectada y se percibe una nebulosidad o infiltración de los vasos sanguíneos en la parte clara del ojo. Debido a la naturaleza potencialmente crónica de esta enfermedad se recomienda también que se vacune normalmente a la mayoría de los gatos. La protección contra esta enfermedad que aparece tras la vacunación es de una duración relativamente corta y las revacunaciones anuales parece ser una necesidad.

Rabia

En todos los países las vacunaciones contra la rabia son requeridas por ley. La primera vacunación debe efectuarse a los 30 días de vida y repetirse una vez al año. En muchos países las vacunaciones subsecuentes se efectúan durante tres años y en otros obligan a revacunar todos los años. Por ello es imprescindible que verifique con su veterinario los requisitos legales sobre las vacunas y que se informe sobre las leyes en otros lugares a los cuales quiera llevar a su gato.

Vacunando a su animal doméstico contra la rabia puede evitar su muerte por dos razones. La rabia es una amenaza real en muchas áreas y es una enfermedad horrible. Además, un animal doméstico no vacunado que muerde a un ser humano, incluso por accidente, está sujeto a un período de cuarentena e incluso es posible que el juez determine su sacrificio para probar con certeza que estaba infectado. No arriesgue la vida de su animal doméstico ni la de las personas, y vacune a sus animales contra la rabia. Guarde celosamente el certificado de vacunación para mostrarlo a las autoridades sanitarias si se lo piden.

Hay varias vacunaciones disponibles para los gatos. La necesidad para cada una depende del riesgo de exposición a lo que esté expuesto. Un gato casero, que viva solamente con humanos o con un sólo gato, es bastante improbable que se pueda exponer a enfermedades que se adquieren solamente mediante el contacto con otros gatos. Un gato al aire libre que vaga libremente por el patio, probablemente está teniendo contacto con otros gatos aunque usted no le vea. Este gato necesita ser protegido contra más enfermedades, puesto que el riesgo es muy alto.

Conclusión

Es probable que con el tiempo descubramos que algunas de las vacunas que hemos estado usando en los últimos años no son eficaces, por eso debemos ser prudentes a la hora de administrarlas y hacerlo solamente cuando sean obligatorias por la ley o por el alto riesgo de contagio en un lugar determinado. Las combinaciones de vacunas actuales continuarán siendo económicamente una manera viable de asegurarnos que los animales domésticos consiguen las vacunaciones que ellos necesitan, pero el futuro cercano nos avisa que la medicina veterinaria está cambiando drásticamente y las recomendaciones tradicionales no sirven ya.

Aun cuando los intervalos de la revacunación se hagan más largos, lo que si es necesario es seguir llevando al animal doméstico al veterinario, por lo menos una vez al año. Hay muchos problemas en la salud de los animales que deben ser evaluados y corregidos por un profesional.

Otro medicamento útil

Hay un producto que se vende como píldora masticable, que está disponible en dos dosificaciones clasificadas según el tamaño del animal, que se emplea para el tratamiento del Heartworm, un parásito que se aloja en el corazón y la arteria pulmonar, tanto en perros como en gatos. La medicación se administra una vez al mes y puede ser empleada como preventiva o curativa.

También controla las infecciones por Hookworms (Anquilostoma) en los gatos y está indicada en gatos de más de seis semanas de edad y parece segura igualmente durante el embarazo. Tampoco se conocen interacciones con otros medicamentos. Su aplicación debe hacerse en la estación del año en la cual el mosquito es más abundante y continuarse un mes después, aunque hay países en los cuales debe aplicarse todo el año.

CONSEJOS PARA CUIDAR BIEN A LOS GATOS

Sobre los alimentos:

1.   Durante los primeros días posteriores al destete es conveniente dar 3 o 4 comidas diarias. Si se realizan dos comidas al día o incluso una sola, hay una mayor sobrecarga gástrica y con ella un aumento en los problemas digestivos. Por ello no existe una frecuencia máxima para alimentar a los cachorros, mientras que la mínima debe ser de dos diarias, para que cada una de ellas no sea demasiado abundante. Cuando cumpla los tres meses se pueden realizar dos o tres comidas importantes, llegando a dos en los de mayor peso.

2.   Es frecuente que los animales prefieran nutrirse a voluntad. Si les dejamos comer libremente pueden provocarse numerosas indigestiones que no nos deben preocupar, ya que no revisten demasiada importancia. De todos modos, en los gatos adultos se recomienda no dar más de tres comidas al día.

3.   Los gatos comen más carne incluso que los perros, aunque debemos administrársela hervida o al vapor, lo mismo que el pescado que nunca debe estar crudo.

4.   La leche la digieren bastante bien, lo mismo que el arroz y los huevos.

5.   La comida debe administrarse a temperatura ambiente, incluso en verano. La comida fría la toleran muy mal e incluso pueden vomitarla.

6.   Frecuentemente hay que darles alimentos duros porque así se evita la acumulación de sarro en los dientes.

Limpieza:

Aunque el gato tiene fama de ser muy limpio, o al menos de limpiarse él mismo con frecuencia, eso se debe esencialmente a su vida más casera, puesto que los gatos que viven en la calle terminan siendo tan sucios como los perros.

Las orejas las podemos limpiar por la cara externa exclusivamente empleando un bastoncillo de algodón impregnado suavemente con aceite de oliva. Hay que evitar profundizar demasiado en el interior de la oreja, así como tratar de resecar la oreja excesivamente. La oreja debe tener siempre una ligera capa de grasa o cera que la mantendrá elástica y la protegerá del frío y la humedad. Bastará con una limpieza cada dos meses.

Los ojos es conveniente no manipularlos diariamente y solamente limpiarlos cuando veamos alguna enfermedad en ellos. Si es así, la limpieza será diaria y para ello emplearemos un algodón empapado en infusión de Eufrasia que estará a 36 grados.

Los dientes tampoco requieren una limpieza continuada, especialmente si come alimentos que efectúen una autolimpieza, aunque será conveniente efectuar una limpieza más profunda cada mes. Para ello emplearemos una gasa impregnada con una pasta de dientes especial para gatos. Si no disponemos de ella podemos restregar sus dientes con zumo de limón diluido o infusión de Llantén. También es recomendable utilizar simplemente agua con una pizca de sal.

Enfermedades más frecuentes

Vómitos:

Ya hemos dicho que los gatos suelen comer grandes cantidades de alimento que luego vomitan, sin que ello quiera decir que están enfermos. Cuando sospechamos otras causas, hay que buscarlas en enfermedades como el moquillo, la gastroenteritis, la hepatitis vírica o la ingestión de tierra o hierbas, entre otras causas.

Lo que no debemos hacer nunca es tratar de contener el vómito empleando medicamentos antiheméticos, puesto que la mayoría de las veces agravaríamos la enfermedad causante. En el supuesto que el vómito sea esporádico, uno o dos al día, no debe alarmarnos, especialmente si ha estado en la calle o en el campo. No obstante, debemos acudir a un veterinario cuando veamos al animal triste, tumbado o con fiebre. Hasta que le llevemos lo importante es no administrar más alimentos, aunque el agua se la podremos dar a pequeños sorbos para que no se deshidrate. Si tampoco la tolera es urgente su ingreso en un centro adecuado.

Diarreas:

Es un trastorno que requiere precauciones similares al vómito, especialmente permitir que se evacuen las deposiciones, no dar alimentos y administrar agua.

Una diarrea puede estar producida simplemente por frío, miedo o enfermedades infecciosas, sean parasitarias o bacterianas. Es muy importante para evaluar la gravedad de la enfermedad observar el estado general del animal, puesto que si está alegre y vivaz en principio no debe preocuparnos.

En el caso que las deposiciones sean líquidas, con moco o sangre, el tratamiento médico no admite demora. Mientras tanto, es imperativo hidratar administrando agua con unas gotas de limón y una pizca de sal.

La dieta a seguir en la siguiente: si se expulsan las heces totalmente líquidas no hay que dar verduras, leche, huevos ni alimentos secos. Si son pastosas es conveniente hacer algo de ayuno y luego dar alguna comida sencilla y fácil de digerir, como el requesón o pescado hervido. Si tienen mucho moco hay que suprimir el arroz y la pasta, y si hay sangre o presencia de parásitos es imprescindible acudir al veterinario.

Sexualidad

Ya hemos dicho anteriormente que las gatas tienen un ciclo sexual dos o tres veces al año, especialmente durante los meses de enero y febrero y junio y agosto, aunque en muchas el celo se puede manifestar en cualquier mes.

Dentro de este ciclo hay días de mayor actividad sexual y otros que podríamos considerar de reposo, en los cuales no reclama compañía. Estos periodos abarcan habitualmente entre 4 y 7 días y en ellos la gata come poco, está nerviosa, se revuelca en el suelo, maúlla por las noches y levanta frecuentemente su parte trasera. En el caso de que tenga lugar el apareamiento se tranquiliza.

El gato macho, por el contrario, solamente permanece excitado cuando la hembra le llama, aunque permanece atento durante todos los días del celo. Suele tratar de ausentarse de su vivienda habitual y regresar por las noches, notándose nervioso y maullando junto a las ventanas y las puertas. También trata de atraer a las hembras y para ello orina en lugares estratégicos con un olor característico de esos momentos.

Si hemos decidido permitirles el apareamiento porque queramos descendencia y una vez que hayamos seleccionado la raza, hay que mezclarlos en la vivienda habitual del macho y dejarles tranquilos, El cortejo amoroso comienza por el olfateo a los órganos sexuales de la hembra y el posterior lamido. La penetración se produce pronto en la postura más habitual, permaneciendo sobre su grupa todo el tiempo mientras que el macho muerde el cuello de la hembra hasta que acaban.

Es importante resaltar que muchos gatos no manifiestan interés alguno por el apareamiento, especialmente si se les ha apartado desde cachorros de otros gatos.

El embarazo

En el caso de que queramos interrumpir el embarazo hay que efectuarlo siete días después del apareamiento, aunque también se puede intentar como menos éxito cuando ha transcurrido un mes.

Si el embarazo sigue su curso durará entre 58 y 65 días, pudiéndose confirmar a los 28 días mediante palpación abdominal y con mucha más precisión por ecografía. Las mamas aumentan de volumen, lo mismo que el abdomen, y en la medida en que se acerca el día del parto la gata buscará un lugar adecuado y lo preparará rascándolo o buscando algún lugar tranquilo y cómodo.

Si queremos ayudarla en su trabajo elegiremos una caja de cartón o un cesto que tenga una altura de 15 o 20 cm y pondremos en el fondo unos periódicos cubiertos con un trapo de algodón. Una vez que el parto se declara, con una duración entre 30 minutos a varias horas, la hembra no suele necesitar ayuda nuestra, puesto que ella misma rompe y se come la placenta, limpia a los cachorros y los reanima con sus cuidados. No obstante, si se trata de un animal muy casero y mimado agradecerá nuestras atenciones y compañía, especialmente para romper las envolturas placentarias de los cachorros. Secaremos suavemente al cachorro mientras le mantenemos cabeza abajo, le daremos un suave masaje por el vientre y le ataremos el cordón umbilical con hilo de coser a un centímetro del ombligo.

Si el cachorro o los cachorros se niegan a salir tendremos que ayudarles agarrándolos suavemente con una mano y haciéndolo al mismo ritmo que las contracciones de la madre. Una vez todo resuelto, conviene llevar a la madre y a los nuevos miembros al veterinario, especialmente si sospechamos que queda algún cachorro dentro.

Una vez todo finalizado, dejaremos tranquilos a la madre con sus cachorros durante dos semanas, aunque podemos ayudar a mantener la cesta bien limpia. Si tenemos que moverles lo haremos lentamente y con cariño, puesto que lo perciben instantáneamente. Cuando haya pasado ya casi un mes del nacimiento, podemos empezar a alimentar a los cachorros mediante algo de pasta muy cocida. El destete total suele ocurrir entre el día 40 y 50, sin que debamos forzar el cese o la continuidad. Si tenemos que alimentar con leche y biberón debemos emplear una específica para animales recién nacidos. Se la daremos seis veces al día a temperatura ambiente.

CONSEJOS PARA VIAJAR CON SU PERRO O GATO

Antes de emprender un viaje con su perro o gato conviene que lea algunas sugerencias o consejos que le ayudarán.

- Un cachorro requiere más cuidados y hace sus necesidades más a menudo que los adultos. En su favor tienen que al no estar aún educados pueden acostumbrarse más fácilmente a viajar.
- Si ya tiene la experiencia por otros viajes, y sabe que su perro se marea, pida a su veterinario los comprimidos adecuados que existen para tratarlo.
- Si piensa alojarse en hoteles, consulte las listas de los que admiten animales de compañía.
- Aproveche para hacerle una revisión antes de partir y llévese el último certificado de vacunación, y si su destino es el extranjero, consulte los requisitos de entrada en el consulado o embajada del país.
- Es conveniente un baño, cepillado y corte de uñas antes de partir.
- Su animal debe ir perfectamente identificado, debe llevar el nombre en el collar y el teléfono del propietario. El microchip es la mejor medida para evitar que lo roben.

Requisitos para el viaje

Para su higiene: cepillo, spray y desparasitador.
Para su paseo: collar, correa y bozal por si lo exigen en algún local.

Comida: será mejor que el animal viaje en ayunas, pero será necesario que le dé a beber agua durante el viaje. Si le llevan comida, es mejor que ésta sea seca.

Otros utensilios: Recipientes para el agua y para la comida, bolsas para recoger los excrementos y por último, documentación y certificados veterinarios.

Durante el viaje:

Deténgase cada dos o tres horas para que el animal pueda estirar las patas, beber y hacer sus necesidades.

No lo deje nunca en el maletero ni encerrado en el coche al sol si la temperatura exterior supera lo 25°C; puede sufrir un golpe de calor. No se confíe pensando que la temperatura ambiental no es tan alta, ya que en un lugar cerrado puede subir demasiado en muy poco tiempo.

El viaje en avión:

Para el viaje en avión existe el reglamento de la IATA que prevé dos modalidades:

1.   Como equipaje de mano, si el animal más la jaula que lo contiene (ésta es imprescindible) no superan los 6 Kg. De esta forma puede ir en la cabina de pasajeros.

1.   En los aviones existe un espacio destinado para los animales de peso superior a los 6 Kg, llamado la bodega. El animal deberá presentarlo en la terminal de carga 3 horas antes de la salida del vuelo. En la misma terminal de carga suelen vender y alquilar las jaulas, imprescindibles para poder viajar y que además deben estar normalizadas. Nuestra

recomendación es que usted la adquiera con anterioridad en su establecimiento de confianza, donde podrán asesorarle.

2.	Durante el trayecto el animal no podrá comer ni beber, por lo tanto, recuerde darle agua antes de partir.

Iberia, además, condiciona la admisión de animales a bordo al cumplimiento de los siguientes requisitos:

1.	Presentación de la documentación veterinaria.
2.	Cartilla sanitaria.
3.	Certificado veterinario reciente donde conste que el animal no padece ninguna enfermedad contagiosa o que le impida viajar.

El viaje en tren:

Renfe permite al perro o gato viajar con su dueño si se cumplen las siguientes condiciones:

•	Facturado como equipaje: su perro podrá viajar en una jaula dentro del furgón de equipajes, pero asegúrese que el tren en el que va a viajar tiene las adecuadas. De lo contrario, se llevará sorpresas de última hora.

•	Trenes de cercanías: hasta hace poco los animales no podían viajar, esto ahora ha cambiado, y pueden hacerlo en una cesta o bolsa de viaje.

•	Trenes regionales: en este tipo de trenes sólo se les admite si viajan en la plataforma.

•	Trenes de la comunidad autónomica de Cataluña: pueden viajar a partir de las 10 de la mañana, los gatos en una cesta, y los perros con bozal y correa.

- Coche cama: si el compartimento es privado, usted podrá llevarlo consigo, pero si por el contrario va a compartirlo con otro viajero, él tendrá que estar de acuerdo.
- Tren de Ata Velocidad: en estos trenes podrá llevar a su mascota en el mismo vagón que usted, pero tendrá que ponerlo en el departamento de equipajes.

Viaje en barco:

En los barcos la máxima autoridad es el capitán, y a él debemos pedir permiso cuando deseemos sacar a pasear a nuestro perro, el cual podrá viajar con nosotros en un compartimento especial para animales, que los barcos tienen para este fin.

Viaje en autocar:

En este tipo de transporte es habitual que no admitan animales en los viajes, sólo se dan algunas excepciones en la que nos permiten llevarlo en el compartimento de carga si son grandes, y si son pequeños en la cabina.

Viaje en taxi:

En este caso, es el propietario del automóvil el único que puede permitir o no la entrada de un animal en su vehículo. La única regla obligada es en el caso de los perros lazarillo, en los que la ley le obliga a admitirlos si en el taxi viaja un invidente.

DATOS QUE A USTED LE CONVIENE SABER SI VIAJA A OTROS PAÍSES

Estos son los documentos que deberá aportar en la Aduana:

EUROPA

Alemania:
Certificado veterinario de salud y certificado de vacunación antirrábica.

Austria:
Certificado de vacunación antirrábica, en alemán.

Bélgica:
Certificado veterinario de salud y certificado de vacunación antirrábica.

Dinamarca:
Certificado veterinario de salud y certificado de vacunación antirrábica en los idiomas: danés, inglés, francés o alemán.

Finlandia:
Certificado de vacunación antirrábica. El idioma del certificado ha de ir en inglés o francés.

Francia:
Certificado de vacunación antirrábica.

Gran Bretaña:
6 meses de cuarentena.

Grecia:
Certificado veterinario de salud.

Holanda:
Certificado veterinario de salud y certificado de vacunación antirrábica.

Hungría:
Certificado veterinario de salud y certificado de vacunación antirrábica.

Irlanda:
Permiso especial y cuarentena de 6 meses.

Islandia:
Permiso especial y cuarentena de 6 meses.

Italia:
Certificado veterinario de salud.

Luxemburgo:
Certificado de vacunación antirrábica.

Mónaco:
Certificado de vacunación antirrábica.

Noruega:
Cuarentena de 4 meses.

Polonia:

Certificado veterinario de salud y certificado de vacunación antirrábica.

Portugal:
Certificado veterinario de salud.

Suecia:
Permiso especial, reserva de alojamiento y 4 meses de cuarentena.

Suiza:
Certificado veterinario de salud y certificado de vacunación antirrábica.

Rusia:
Prohibido.

AMÉRICA

Argentina:
Certificado veterinario de salud, certificado de vacunación antirrábica y permiso consular.

Brasil:
Certificado veterinario de salud, certificado de vacunación antirrábica y permiso consular.

Canadá:
Certificado veterinario de salud, certificado de vacunación antirrábica y cuarentena de 1 mes.

Cuba:
Certificado veterinario de salud, certificado de vacunación antirrábica, permiso del Ministerio de Asuntos Exteriores y permiso consular.

E.E.U.U.
Certificado veterinario de salud y certificado de vacunación antirrábica.

Haití:
Certificado veterinario de salud, certificado de vacunación antirrábica y certificado de vacunación de moquillo en el caso de los perros.

Honduras:
Certificado veterinario de salud y certificado de vacunación antirrábica.

México:
Certificado veterinario de salud, certificado de vacunación antirrábica y permiso consular.

Nicaragua:
Certificado veterinario de salud, certificado de vacunación antirrábica, permiso consular y permiso del Ministerio de Asuntos Exteriores.

Paraguay:
Certificado veterinario de salud, certificado de vacunación antirrábica y permiso consular.

Perú:
Certificado veterinario de salud y certificado de vacunación antirrábica.

República Dominicana:
Certificado veterinario de salud, certificado de vacunación antirrábica, certificado de vacunación de moquillo, (para los perros), permiso consular y permiso del Ministerio de Asuntos Exteriores.

Uruguay:
Certificado veterinario de salud, permiso consular y permiso del Ministerio de Sanidad.

Venezuela:
Certificado veterinario de salud y permiso consular.

CAPÍTULO 3

ACUARIOS

DATOS QUE VD. DEBE CONOCER PARA LOGRAR UN BUEN ACUARIO

¿Cómo lograr el éxito?

Un pez saludable que viva un tiempo largo, probablemente engendrará y tendrá bebés. El éxito también implica tener un tanque de calidad que requiera poco mantenimiento, especialmente con un crecimiento controlado de las algas.

Cómo asegurarse que su primer acuario será un éxito.

Tener un tanque bien preparado no es difícil, ni implica necesariamente mucho trabajo, con tal de que usted use algo de sentido común.

Estas pautas están en parte basadas en la ciencia y en parte en la experiencia de muchos aficionados que quieren aportar sus conocimientos sobre el arte de mantener los peces. La lista siguiente resume las reglas más importantes para el éxito. Cada una se discute con más detalle en otras secciones.

1. Tenga paciencia.

• Comprar un tanque, prepararlo y llenarlo de peces todo en el mismo día, es un camino seguro al desastre. De hecho, preparar y abastecer su primer tanque totalmente le llevará cerca de dos meses. Un poco de prevención y algunos conocimientos le llevarán poco a poco al éxito.

• Proporcionar un ambiente que minimice la tensión de los peces es la llave del éxito. Cuando se mezclan muchos peces sus sistemas inmunes se debilitan y se ponen más susceptibles para enfermar. Es más, la mayoría de las medicinas para peces no son muy útiles, no merecen la pena el dinero que se paga por ellas, y frecuentemente dañan más que hacen el bien.

Recomendaciones:

• A menudo, el mejor tratamiento para el pez enfermo es disminuir la tensión mediante cambios regulares de agua parciales, no sobrealimentándoles, verificando que el sistema de filtración funciona, dándoles bastante espacio para vivir, y poniéndoles con compañeros que sean compatibles.

• Entienda y respete el ciclo del nitrógeno. El amoníaco es producido por los peces, tanto por su respiración como por las materias fecales, éstas últimas transformadas posteriormente por bacterias que producen amoníaco, lo cual, a su vez, genera nitritos. Otras bacterias, llamadas Nitrobacterias, convierten estos nitritos en nitratos, resultado de la unión entre el amoniaco y el nitrito. Estos nitratos, en principio, no son tóxicos aunque pueden limitar su crecimiento, pero constituyen un alimento para las plantas.

• Los peces producen basuras tóxicas (amoníaco) que se deben convertir en otras menos dañinas mediante la colonia bacteriana de la gravilla del acuario. La mayoría de las muertes de los peces es ocasionada por los dueños novatos y es el resultado directo de no entender el ciclo del nitrógeno, algo completamente evitable. Los cambios parciales del agua consiguen reducir la proporción de los niveles de nitratos.

• Realice el mantenimiento regular de su filtro y límpielo.

• Los filtros sucios tienen una eficacia reducida. En el caso de filtración biológica, un filtro obstruido será incapaz de quitar el exceso de amoníaco y producirá tensión en los peces y en el futuro su muerte. Los filtros biológicos a base de una placa filtrante, hay que limpiarlos enjuagándolos suavemente con agua previamente filtrada. Como suelen ponerse fijos también se puede emplear una aspiradora adecuada.

• Una vez que el filtro está limpio hay que depurar igualmente el resto del agua.

• El agua del grifo suele contener productos químicos como cloro o cloramina, necesarios para que pueda ser consumida sin peligro por las personas. Estas substancias es posible que sean tóxicas para los peces o al menos les pueden debilitar y si la proporción de química es muy alta hasta puede ocasionar su muerte. Si no dispone de otra más adecuada antes de ponerla en el acuario déjela reposar un par de días y remuévala con frecuencia para airearla, lo que contribuirá a eliminar parte del cloro. También es posible que emplee algún agente que elimine el cloro y para ello pida información en su tienda de peces.

• La química básica del agua que usted debe aprender es el pH y la dureza. Por supuesto no necesita memorizar un cursillo acelerado de química, pero usted debe saber lo suficiente sobre las calidades del agua que emplea si quiere tener unos peces sanos. Cada ciudad y también cada vivienda tienen un tipo de agua diferente, y algunos peces no podrán sobrevivir en su agua. Lo mejor es que consulte a la tienda más próxima, puesto que es probable que ellos empleen la misma agua y le puedan aconsejar con precisión. Si los peces los ha comprado allí, es seguro que no tendrá problemas con el agua de su casa.

• El pH lo podrá comprobar mediante unos discos de color calibrados que se acoplan a un recipiente que contiene una muestra del agua a emplear.

• El pH puede cambiar con rapidez y causar daño a los peces. El agua del tanque tiene una tendencia natural a volverse ácida por la producción de ácido nítrico (nitratos) del ciclo del nitrógeno.

• La dureza del agua se debe a las sales de calcio y magnesio y puede ser temporal o permanente. Si es temporal se elimina hirviendo el agua, mientras que la permanente exige emplear medios químicos o destilarla. Un método muy común para suavizarla consiste en añadir agua de lluvia, mientras que si es blanda puede ser aconsejable emplear agua del grifo.

• Evite agregar productos químicos que bajen el pH. Tales productos frecuentemente tienen efectos indeseables, como por ejemplo, estimulan el crecimiento de las algas. Es más, en la mayoría de los casos y a pesar de lo que digan algunas tiendas, el pH de agua no necesita ser ajustado para hacerlo más perfecto para una especie particular de pez. Si el pH de su agua está entre 6.5 y 7.5, simplemente está bien para la mayoría de los peces.

• Como solución final, lo mejor es escoger los peces adecuados para su agua, no al revés.

2. Qué peces son más adecuados según el tipo de agua.

• Los peces que han sido criados en cautividad, en tanques artificiales, se desarrollan perfectamente en el agua de las ciudades. Si usted sabe que su agua es dura y alcalina, escoja peces para este tipo de agua. Si usted tiene agua suave, escoja peces de agua suave. Esto es especialmente importante si el agua está fuera del margen de 6.5-7.5 relativo al pH. Cambiar la dureza natural (o el pH) de su agua supone un duro trabajo y puede ser que decida abandonar pronto su afición a los acuarios.

• Es más, los esfuerzos que se hacen para cambiar las características del agua a menudo son un inconveniente para los peces peor que el agua misma original. Recuerde que la mejor manera de saber qué peces viven alegremente en su agua local es verificarlo en la tienda de su barrio.

• Cuando escoja sus peces debe seleccionarlos que sean compatibles entre sí, especialmente cuando sean adultos y hayan aumentado de tamaño. En los acuarios encontrará preferentemente peces pequeños de un tamaño medio de 2,5 cm. ¿Pero sabe cómo vivirán si alcanzan los 10 cm o más? El problema no estriba en alimentarles, ni tampoco el que dispongan del suficiente espacio para vivir, sino en que si hay peces pequeños se los terminen comiendo.

• Los peces tienen requisitos mínimos en cuanto a espacio, pero todo depende de su tamaño y temperamento. Un pez adecuado es aquel que logra vivir sin problemas en su acuario. Es importante que recuerde este principio básico: son los peces los que deben encajar en su acuario. No se rompa la cabeza buscando la solución inversa: un acuario que se acople a sus peces. Lo que debe procurar es que su acuario tenga todos los elementos necesarios, como piedras, gravilla, plantas, algo de madera, etc.

Recomendación:

Nunca agregue agua de la tienda a su tanque, pues puede contener enfermedades. Si es posible, ponga en cuarentena a sus nuevos peces durante dos semanas antes de agregarlos a su tanque.

3.   Realice cambios de agua parciales regularmente

• Cambiando el 25% del agua de su tanque cada dos semanas consigue dos propósitos: diluye y quita el nitrato antes de que aumente a niveles peligrosos, y reemplaza los elementos tóxicos generados por las bacterias, plantas, etc., Finalmente, los cambios de agua parciales aseguran que la química del agua de su tanque no se desvía significativamente de su composición habitual. El último beneficio es especialmente importante para evitar enfermedades en sus peces. Los cambios parciales y frecuentes del agua son el paso más importante para controlar la enfermedad, mientras que los cambios totales no se deben realizar a menos que la composición química del agua de su tanque sea similar a la que va a añadir.

4.   Sólo vaya de compras a tiendas honradas

•   Tristemente, muchas tiendas de animales domésticos están más interesadas en coger su dinero que en venderle un pez saludable. Casi siempre merece la pena un poco más dinero para conseguir peces de calidad. Algunas enfermedades que aparecen bruscamente en su acuario tienen una relación directa con la compra de un pez enfermo, lo que ocasiona frecuentemente resultados catastróficos. Comprar peces de bajo costo tampoco es una ganga si se mueren después de poco más de un mes. Algunas tiendas deshonestas intentarán venderle el equipo y las medicaciones que usted realmente no necesita. Su mejor defensa es adquirir conocimientos antes de acudir a comprar, a menos que esté seguro de la honestidad del vendedor.

Los cuidados que requiere el acuario

Antes que nada, infórmese bien

¿Cuánto tiempo y esfuerzo está dedicando a cuidar su acuario?
Un tanque de 60 cm de largo, 30 de ancho y 30 de profundidad, requiere al menos que le dedique aproximadamente 30 minutos cada dos semanas para cambiar parcialmente el agua, limpiarlo, etc. Si esto es demasiado tiempo para usted, no se dedique a esta afición. Además de ello, también tendrá que dedicar una vez o dos veces unos minutos al día para alimentar a sus peces, encender las luces, etc.

Advertencia: muchas personas gastan mucho más tiempo mirando a su acuario y a sus habitantes simplemente que a cuidarles.

Debe prepararse a pasarse varias horas investigando lo que será su nuevo pasatiempo antes de que haga su primera compra. Una vez que ya tiene tomada la decisión de comprarlo, las cosas serán más fáciles. Vaya a recorrer algunas tiendas hasta encontrar una que le parezca un lugar honrado. Visite algunas de nuevo más veces y consiga libros para aficionados, como éste que ya ha comprado.

La mayoría de las personas que se frustran con los acuarios es porque cometieron algunos errores que podrían haber evitado fácilmente. La manera de evitar esos errores es aprender lo más fundamental (ejemplo; el ciclo del nitrógeno) antes de que ponga algún pez en su tanque. Hay pocas cosas que perturben más que leer frenéticamente un manual sobre acuarios cuando ya se tienen varios peces nadando en sus aguas y a punto de morirse.

Recuerde: la mayoría de los problemas del acuario son fáciles de prevenir, pero duros de resolver una vez declarados.

Antes de preparar el acuario (sobre todo si el tanque es usado), verifique la posibilidad de que tenga goteras. Llénelo de agua hasta el borde y déjelo así durante una semana. Una gotera en su superficie es un problema pequeño cuando aún no hay nada dentro, pero importante si está ya todo instalado. Si hay fugas emplee sellador de silicona especial para acuarios, pues los que se emplean para los baños pueden contener fungicidas tóxicos para los peces.

Para limpiar el tanque, nunca use jabones o detergentes. Use agua y nada más. Si usted quiere esterilizar el tanque, lave todo con una solución muy diluida de esterilizante, enjuague bien todo con agua limpia, y ponga en remojo aquellas partes sólidas que requieran más tiempo. La arena gruesa puede esterilizarse hirviéndola.

El tanque de agua

Podrá encontrar los tanques de muchas formas y tamaños, pero hay sólo dos tipos: vidrio y acrílico. Usted podrá elegir en función de las características que a continuación le apuntamos:

El tamaño y forma del tanque dependen completamente de usted. Sin embargo, tenga presente lo siguiente:

• Contrariamente a las primeras impresiones, los tanques mayores no dan necesariamente más trabajo que los más pequeños. En particular, es más fácil conservar el agua estable en tanques más grandes que en los pequeños (al menos el agua, pues es más fácil un cambio químico pequeño que conseguir un cambio grande).

• Mucho del trabajo de mantenimiento regular no requiere una proporción directa a su tamaño. Por ejemplo, un cambio de agua parcial en un tanque mayor puede requerir solamente un cubo de agua más que uno pequeño. Eso no se traduce en el doble de trabajo, puesto que todos los preliminares, cubo, sifón, etc., son iguales independientemente del tamaño.

- Es muy común en las personas que realmente gustan de tener un acuario querer agregar más peces. Un tanque más grande puede admitir más peces.

Nota:

Sin embargo, el número de peces que un tanque puede albergar seguramente no sólo depende del volumen del tanque, también de su forma. Por ejemplo, algunos peces permanecen toda su vida cerca del fondo.

Doblando el volumen de un tanque en altura no le permitirá disponer de más fondo para esos peces. El área de la superficie es más importante que el volumen para determinar cuántos peces puede admitir su tanque.

Por término medio:

Un tanque de 60x30x30 cm dispone de un volumen de 54,5 con un peso de agua de 54,3 kg. Necesitará un calentador de 150 W de potencia.

Dónde adquirir todo lo necesario

Todas las tiendas de acuarios venden los accesorios necesarios para su tanque y podrá elegir comparando precios entre las marcas comerciales. Sin embargo, un comprador inteligente mira lo que el paquete contiene para comprobar efectivamente que incluye todo lo que necesita (y no incluye cosas que no son necesarias). Los utensilios varían en precio y calidad según la tienda, y pronto se dará cuenta que algunos son más apropiados que otros. Sea especialmente cauto con las ofertas y descuentos que le estén ofreciendo, pues con frecuencia solamente incluyen tecnología obsoleta, bombas ruidosas, calentadores baratos, etc.,

Las ventas de segunda mano son una buena manera de entrar barato en la afición. Sin embargo, la cautela ahora debe ser aún mayor. Antes de comprar el tanque, examínelo estrechamente para escuchar crujidos o ver arañazos. Aunque todo puede arreglarse, en ocasiones el tiempo empleado en repararlos no justifica el ahorro de dinero que logremos. Por eso no compre un tanque rascado; las algas crecerán en los arañazos y harán que el tanque parezca malo. Tenga cuidado, por tanto, con los equipos muy viejos, aunque hayan pertenecido a un experto. Posiblemente ya han dejado de funcionar bien.

Lo que es esencial y lo que no lo es

Las cosas de acuario habituales están disponibles en las tiendas para mascotas. Algunas son esenciales, otras sólo son útiles para aplicaciones especializadas, y algunas son completamente inútiles, aunque probablemente la tienda le dirá que no lo son. La lista de comprobación siguiente muestra los artículos que quizás serán útiles para usted.

• Un tanque totalmente de vidrio o acrílico de una sola pieza. Poca altura y gran longitud para que se produzca un buen intercambio gaseoso con la atmósfera.
• Calentadores de vidrio, sumergibles y resistentes al calor, con termostato incluido. Si su tanque es muy grande posiblemente necesite dos calentadores. Uno solo produciría demasiada temperatura en el lugar de su instalación.

- Un termómetro de cuadrante instalado dentro del acuario

- Iluminación fluorescente. Hay que poner un vidrio a modo de tapa entre el foco de luz y el agua. Las bombillas normales, de tungsteno, pueden calentar demasiado la superficie del agua y requieren ventilación.

- Demasiada luz produce un aumento de las algas. Se puede mitigar poniendo una cubierta de plantas flotantes.

- Elija un filtro que controle el pH y la dureza del agua. Existen filtros mecánicos, químicos, biológicos y accionados por electricidad, así como internos o externos. Deberá tener en cuenta el tipo de peces que vaya a instalar y el cuidado que esté dispuesto a efectuar periódicamente antes de elegir el filtro adecuado.

- Un compresor para que aumente la cantidad de oxígeno del agua. Esto disminuye la cantidad de dióxido de carbono y permite tener más peces juntos.

- Escoja plantas adecuadas, no solamente decorativas. Las plantas reducen el dióxido de carbono mientras reciben luz, dan cobijo y sombra, permiten esconderse a los peces, son el lugar necesario para el desove y proporcionan un aspecto más natural al acuario. Las plantas pueden ser de raíz, flotantes y también como esquejes.

- Debajo de la gravilla se recomienda poner una capa de carbón de turba o de barro en saquitos, para evitar que los peces remuevan al cavar en la gravilla.

- Para decorarlo necesitará pequeñas piedras y rocas que estén de acuerdo con la gravilla. Nunca hay que emplear rocas que tengan componentes solubles. Tampoco deberá poner ramas de coral muerto puesto que su contenido calcáreo perjudica la química del agua dulce.

- La gravilla ideal debe tener una medida de 3 mm y ser de color oscuro.
- También es atractivo incluir troncos y raíces retorcidas que encontrará en pantanos y bosques, pero deberán estar totalmente secos. Otros materiales adecuados son el corcho, plantas artificiales, galeones en miniatura o bellas sirenas.

Observe detenidamente a su futura tienda de peces

Como todos los negocios, las tiendas de peces tienen que ganar dinero para sobrevivir. Desgraciadamente, algunos están más interesados en sus ganancias y tratan de vendernos todo lo que tienen, aunque no nos sirva. Por consiguiente, un cliente inteligente es un comprador cuidadoso.

Por supuesto ninguna tienda es 100% perfecta todo el tiempo, pero la diferencia entre una tienda buena y otra mala puede ser muy grande. Visite una tienda varias veces, y no confíe sólo en una opinión. Si los mismos modelos malos o antiguos están presentes en sus visitas múltiples, busque otra tienda.

Si los peces no parecen estar sanos en la tienda, no crea que mejorarán con usted. El cariño en este caso no le servirá de mucho y las oportunidades de que sobrevivan mucho tiempo después de que usted les traiga a su casa son mínimas. Esos peces ya han tenido tiempo suficiente para recuperarse.

Los tanques de peces de una tienda deben estar limpios y los peces tienen que parecer saludables y con buen tono, sin aletas pellizcadas, con buenos colores y especialmente activos. Hágase una pregunta: ¿se quitan rápidamente los peces muertos? Todas las tiendas tendrán peces muertos en sus tanques, es normal, pero las de buena calidad los quitarán rápidamente. Si alguno está muerto hace tiempo estará cubierto por hongos.

Algunas preguntas sobre su tienda de peces

¿Muestra cualquier pez señales de enfermedad como manchas blancas diminutas?

Una buena tienda no le venderá ningún pez de acuario que tenga esas manchas, aun cuando usted le haya escogido por ignorancia.

¿Se guardan peces incompatibles en el mismo tanque?

En ese caso ¿cómo puede confiar usted en el consejo de personas que no ponen habitantes compatibles para su tanque?
Compruebe la política de la tienda con los peces que le venden. Una buena tienda le pedirá que le traiga una muestra de su agua para ver si es la adecuada para los peces que ellos tienen.

¿En qué tiendas tienen personal que conozca perfectamente lo que están vendiendo?

Una buena tienda le preguntará por su tanque (tamaño, habitantes, etc.), para averiguar si su compra de peces es la adecuada, en cantidad y tipo. Si la tienda no es adecuada venderán cualquier cosa que usted pida y estarán igualmente contentos de venderle después más peces, después que los habitantes incompatibles los hayan matado.

Para empezar, una buena tienda se tomará el tiempo necesario para explicarle el ciclo del nitrógeno, y le aconsejará que no inicie las compras de peces hasta que su tanque se halle consolidado. Si no son profesionales no le mencionarán el ciclo del nitrógeno, hasta que usted vuelva unos días después preguntándose por qué sus peces se murieron. La respuesta que le darán es que compre ejemplares nuevos.

Por eso, haga muchas preguntas. Sea cauto con las respuestas vagas, pues es señal que el vendedor no sabe la respuesta y, frecuentemente, ni le interesa saberla.

¿Cómo se harán de grandes los pequeños peces?

Una buena tienda le advertirá que esos pequeños peces Oscar crecerán hasta los 35 cm y necesitarán un acuario de al menos 120 cm de largo. Verifique que el suyo es así de grande y que ninguno de sus habitantes será comido por al Oscar.

¿Es necesario añadir productos químicos al agua?

Cuidado con agregar medicaciones a su acuario, pues frecuentemente no son eficaces. Una buena tienda le preguntarán primero por la calidad del agua, y sobre los sistemas instalados para depurarla y oxigenarla. Le recomendarán cómo mejorarla y le hablarán de los medicamentos solamente si se puede identificar la enfermedad específica. Si no son buenos profesionales le animarán a que usted compre la medicina, sin tener en cuenta si es específica y útil para combatir el problema concreto que usted tiene. Para que todo salga bien le tendrán que preguntar qué peces tiene usted en el tanque, por si algunas de las medicaciones son tóxicas para ciertas especies.

Mejor, tiendas especializadas

Como una regla general, las tiendas que están especializan en acuarios son mejores que las que venden peces como un trabajo extra. En el caso anterior, una "mala" tienda no ganará dinero durante mucho tiempo y posiblemente tendrán que cerrar. Al cliente se le engaña solamente la primera vez. En el último caso, la sección para peces de una tienda puede perder dinero continuamente, pero permanecerá abierta porque el resto de la tienda (ejemplo, ventas de cachorros) está ganando dinero. Por supuesto, hay excepciones.

Finalmente, comprar peces en la tienda más barata no suele ser una ganga. Un pez saludable siempre merece la pena. Un pez enfermo puede infectar a todos los habitantes de su acuario, incluso inmediatamente después de su compra.

Elija entre varios modelos

¿Está poniéndose un acuario de moda? Una buena tienda es conocedora sobre los productos que ellos venden y tardarán algún tiempo para estar seguros que el nuevo modelo cumple los requisitos de calidad. Tratarán de recomendarlo a sus clientes cuando estén ya totalmente seguros. Ellos quieren que usted repita sus visitas a la tienda en el futuro.

El tratamiento del agua

La mayoría de las personas usan agua del grifo en sus tanques; es barata y fácil de usar. Desgraciadamente, las compañías del agua agregan química al agua para que sea potable para la bebida (por ejemplo, cloro o cloramina para matar las bacterias). Más recientemente se ha sabido que el agua que fluye a través de las cañerías más viejas ha causado algunas modificaciones al agua, especialmente en el pH. Por consiguiente, el agua del grifo debe tratarse especialmente antes de que pueda usarse con seguridad en los acuarios.

Otro problema potencial involucra la posibilidad de que cambien con el tiempo las propiedades químicas en el agua de los hogares, incluso mes a mes. También es posible que en épocas de escasez haya que comprar agua embotellada o en bidones, de cuyas características no tenemos conocimiento. Si esta agua tiene unas propiedades químicas diferentes (ejemplo, dureza), la química de su agua en el acuario también variará. Como un ejemplo común, los niveles de bacterias altos son más un problema en verano que en invierno, sobre todo en climas más calurosos. Por consiguiente, no es raro que las compañías de agua usen más cloro en los meses de verano para matar esas bacterias. Incluso hay otros factores que también alteran la composición del agua, como las lluvias torrenciales que pueden alterar la dureza del agua.

En general, el cloro y la cloramina son los dos aditivos que causan más problemas.

Cloro

En los EE.UU., las pautas de la EPA requieren que el agua del grifo contenga una concentración de cloro mínima de 0.2 ppm, para mantener severamente los límites de la concentración de bacterias. En cada país y en cada provincia estas concentraciones son diferentes, e incluso lo son en cada época del año. Por ello no le extrañe si cada vez que mida la concentración de cloro de su agua es diferente. Inicialmente y de una manera genérica, la concentración exacta del agua de su grifo depende de cuál es la distancia desde su casa a la planta de agua, cuánto tiempo le lleva al agua viajar desde la estación de agua a su casa, cuánto cloro se agrega inicialmente, etc.

El cloro a concentraciones altas es tóxico para los peces y a concentraciones bajas les daña aún sus agallas. Concentraciones tan pequeñas como 0.2-0.3 ppm matan a la mayoría de los peces rápidamente. Para prevenir estos problemas, las concentraciones que pueden requerirse son de 0.003 ppm. Afortunadamente, el cloro puede quitarse fácilmente del agua con el tiosulfato de sodio químico, disponible en las tiendas de peces bajo varias marcas. El tiosulfato de sodio neutraliza el cloro al instante. Debemos advertirle que hay muchos "tratamientos de agua" elaborados con otros productos que se anuncian como "consiga un agua segura". Lea las etiquetas cuidadosamente, puesto que, aunque todos neutralizan el cloro por su contenido en tiosulfato de sodio, agregan otras substancias que pueden o no pueden ser útiles. Si su agua sólo contiene cloro, el tiosulfato de sodio es todo lo que usted necesita.

Los tratamientos más rentables usan sólo una gota por cada galón de agua. Existen también otros tratamientos para el agua mucho más caros, puesto que requieren añadir una cucharilla de tratamiento (o más) por galón.

Importante:

El cloro es relativamente inestable en el agua y escapa a la atmósfera con rapidez. El agua contenida en un cubo (o un tanque), con la circulación de agua adecuada (filtro o compresores de aire), estará libre del cloro en 24 horas o menos.

Muchos informes de expertos nos hablan que ellos realizan los cambios de agua parciales sin tratar su agua del grifo para quitar el cloro. Tenga presente que aunque los peces no muestran síntomas claros de que están enfermos a causa del nulo tratamiento del agua, no significa que el cloro no les esté haciendo daño. El resumen es que los eliminadores de cloro son tan baratos, que no merece la pena prescindir de ellos.

Cómo lograr peces saludables

El estrés y la tensión

La mayoría de los peces pueden tolerar condiciones medioambientales que difieren un poco de las condiciones naturales en las que ellos evolucionaron. Esto no significa, sin embargo, que pueda ser fácil tenerles siempre saludables o que vivirán una vida normal. Por ejemplo, guardando un pez en agua que está más fresca (o más calurosa) que su condición preferida, obliga a sus órganos a trabajar más intensamente para mantenerle activo. Es decir, esta es una de las razones que hacen que su pez esté sometido a una tensión. La tensión aumentada reduce la habilidad de un pez para estar sin enfermedades. Además, la tensión reduce la habilidad de un pez para engendrar con éxito y acorta su tiempo de vida. Una cantidad pequeña de tensión por sí misma no es normalmente fatal, pero cuando es demasiado alta la habilidad de un pez para sobrevivir disminuye. Así, una de las metas más importantes para cuidar sus peces es quitar las fuentes de tensión donde quiera que se encuentren.

Debo advertir que eliminar simplemente la tensión no garantiza que su acuario será saludable. Muchos aficionados alardean frecuentemente sobre sus habilidades cuidando a sus peces y nos muestran lo saludables y felices que viven, incluso en circunstancias negativas y estresantes. Estos comentarios no le deben impresionar, puesto que nunca le llamarán para contarles cómo han enfermado o se han muerto a causa de su negligencia. Es como presumir de nuestro abuelo, fumador empedernido que vivió 94 años. La excepción no hace la regla.

Causas comunes de tensión en el Acuario

En esta sección describiremos algunas de las condiciones más comunes que generan tensión. En todos los casos, el nivel de tensión inducido por un factor específico depende de la especie. Usted debe ser consciente del tipo de tensión que estará presente en sus tanques y los peces seleccionados deberán ser capaces de adaptarse a ella. Por ejemplo, si su agua es dura y alcalina, es mejor seleccionar peces que crezcan sin problemas en aguas así.

Nitrógeno

El nitrógeno (amoníaco, nitrito y nitrato) tiene diferentes grados de toxicidad y es un factor desencadenante de problemas. El amoníaco es tóxico en concentraciones bajas y afecta a los peces bajo cualquier concentración. Por consiguiente, un acuario saludable debe tener un filtro biológico adecuado que rápidamente convierta el amoníaco en nitrito (y nitrato). Pero aunque significativamente menos tóxico que el amoníaco o el nitrito, el nitrato también perjudica a los peces. Así, un medio adecuado para quitar el exceso de nitrato (ejemplo, a través de los cambios de agua regulares), será un factor decisivo para tener un acuario saludable.

Temperatura del agua

La temperatura de agua de su tanque debe ser adecuada para las necesidades de todos sus habitantes. Una temperatura demasiado fría o también caliente, perjudicará a unos peces y mejorará a otros. Por ejemplo, la carpa dorada prefiere temperaturas más frescas que la mayoría de los peces tropicales (la carpa dorada sobrevive sin problemas en invierno en estanques donde las temperaturas se acercan a bajo cero). Si usted mezcla este pez con otros tropicales le será imposible tener la temperatura del agua a gusto de todos.

Dureza del agua

Algunos peces prefieren el agua suave, y otros, agua dura, siendo muy difícil encontrar peces que se encuentren a gusto con cualquier tipo de agua. También es frecuente encontrar algunos que gustan del agua ácida, otros la alcalina, y algunos un pH neutro.

Del mismo modo, nos encontraremos con especies que prefieren el agua salada, mientras que otros morirán si existe la más mínima cantidad de sal en su agua, por ejemplo el Barbo.

Espacio disponible

La cantidad de espacio físico requerida para un pez en particular depende de la especie a que pertenezca. Algunos peces necesitan muy poca cantidad, mientras que para otros vivir en un estanque demasiado pequeño aumenta su nivel de tensión, llevándole frecuentemente a la agresión con sus compañeros. También es importante advertir que la cantidad de espacio requerido puede cambiar en el momento en que los peces engendran. Por ejemplo, los Cíclidos (Cichlidae) exigen una porción de tanque para ellos solos cuando han engendrado, cazando cualquier pez que usurpe su territorio. Así, el ataque entre los habitantes de un acuario es sumamente frecuente si no se ponen los medios adecuados.

Diferentes especies

No todas las especies de peces se pueden mezclar entre sí. Como un ejemplo obvio, la mayoría de los Cíclidos se comerán a los demás habitantes si el tanque es muy pequeño, al menos aquellos que puedan tragar. Sin embargo, aún si el ejemplar es demasiado grande para ser comido, intentarán devorarlo poco a poco si su oponente no ofrece resistencia. Es más, muchos peces se comunican entre sí a través de la conducta y el idioma del cuerpo, como por ejemplo los Cíclidos, quienes frecuentemente establecen un orden jerárquico empleando besos, mediante los cuales eligen a su rey.
Curiosamente, los peces de un tipo de especie no pueden reconocer los signos emitidos por otros y por ello son frecuentes sus disputas.

Algunos peces permanecen durante toda su vida formando parte de grupos grandes (en lugar de individualmente), y parece ser que no se sienten cómodos o seguros cuando están solos. Algunas variedades de Corydoras, por ejemplo, mejoran en un tanque con 6 o más ejemplares iguales. Si usted les pone junto a especies diferentes, sin incorporar varios ejemplares de su propia familia, no logrará que sobrevivan. En el polo opuesto tenemos a algunos peces que son más agresivos hacia los miembros de su propia especie, injustificable cuando ellos mismos no son amenazados por ninguno en particular.

Oxígeno

Los peces necesitan oxígeno, y algunos toleran mejor un agua empobrecida que otros. Como un agua con suficiente oxígeno no perjudica a ninguna especie, riegue frecuentemente su acuario, especialmente cuando la temperatura sube puesto que es posible que disminuya la cantidad de oxígeno disuelto en el agua.

Nutrición

La nutrición pobre también causa tensiones. Una dieta saludable es una dieta variada, y usted debe evitar comprar comida antigua en la cual las vitaminas y otros nutrientes se han estropeado. La comida vieja no solamente es aquella en la cual la fecha de caducidad hay expirado, sino la que se ha guardado en lugares calientes, o expuesta al aire fuera de sus recipientes.

Medicinas

La costumbre de agregar medicinas a los acuarios genera a menudo más problemas que la enfermedad que quiere tratar. Los medicamentos que matan bacterias, parásitos, etc., normalmente no son selectivos y con frecuencia también pueden matar a bacterias que provocan nitración, con lo cual realmente tiene un problema mayor. También es frecuente que se trate de productos tóxicos para algunos peces y sabemos que hay especies que no toleran ningún tipo de medicamento. Agregando tales productos puede debilitar a los peces saludables hasta el punto en que sean ellos los que acaben enfermos.

Evite, en especial, agregar al agua de su tanque productos que contengan cloro o cloramina, ambos muy tóxicos para los peces.

Agua estable

Los cambios súbitos en las condiciones del agua pueden ser estresantes. Dentro de los límites, la mayoría de los peces puede ajustarse a las condiciones de un agua no demasiado óptima, como por ejemplo, una temperatura o un pH inadecuados. Sin embargo, los peces tienen dificultad para ajustarse a un cambio súbito en la química del agua. Si hay cambios bruscos en la temperatura, baja o alta, cambios en el pH, en la dureza, etc., ocasionará tensiones en sus peces. Es más importante conseguir una química del agua estable durante mucho tiempo que cualquier otro factor.

En resumen, muchos factores pueden ocasionar que sus peces padezcan tensiones, pero minimizando y eliminando las fuentes que las producen tendrá más oportunidades de disponer de un acuario saludable. La cantidad exacta de tensión que un pez individualmente puede soportar depende esencialmente de la especie a que pertenezca, su edad y el tamaño. Un pez estresado es un pez debilitado. Aunque puede parecer saludable al observador inexperto, estará más susceptible para caer enfermo, lesionarse, etc., En contraste, un pez saludable y con fuerte tono vital, podrá pasar casi toda su vida sin enfermedades. Así, la presencia de enfermedades en un tanque se debe esencialmente a un agua de mala calidad que daña el sistema defensivo de los animales.

Recuerde:

1.   La mayoría de los peces doblan su tamaño cuando son adultos.
2.   No compre peces de tamaños muy dispares, porque el más grande se comerá al chico.
3.   Hay peces que solamente salen de su escondite por las noches.
4.   Los peces herbívoros se le comerán sus plantas naturales.
5.   Es recomendable tener dos hembras por cada macho si quiere asegurarse la reproducción.
6.   La mayoría de los peces nadan manteniendo su aleta dorsal levantada. Si está caída puede ser señal de enfermedad.
7.   Compre sus nuevos peces cerca de su casa. Un transporte largo cambia la temperatura del agua rápidamente y se le pueden enfermedar en el camino. Cuando llegue, meta los peces en su bolsa de plástico en el acuario durante unos minutos hasta que se iguale la temperatura del agua. Entonces

abra la bolsa y suéltelos. También puede introducir agua del acuario en la bolsa del transporte para acostumbrarles.

Síntomas de enfermedad

Para abreviar, los peces enfermos no se comportan con normalidad. Una vez que usted ha tenido un pez durante unas semanas, verá que cada especie se comporta de manera diferente y característica, lo que les hace más atractivos. Algunos peces tienden a quedarse siempre casi en la cima del agua, mientras que otros se acercan al fondo. Algunos peces nadan continuamente, otros se quedan en un lugar. La desviación de su comportamiento habitual es lo que debe alertarle.

Manifestaciones de los síntomas más comunes de enfermedad

- El pez se queda en la superficie y abre la boca para respirar, lo que nos indica que tiene problemas para conseguir bastante oxígeno. Habitualmente la concentración de oxígeno disuelto en la superficie del agua es mayor que en el fondo. Las posibles causas incluyen la concentración baja de oxígeno a causa de una circulación de agua pobre, toxinas que han dañado sus agallas, niveles de amoníaco o nitritos altos, etc.
- Los peces no comen, o no tan agresivamente como anteriormente.
- El pez se queda escondido continuamente y no sale donde puede verse. Posibles causas: hay algún pez agresivo, o no hay guaridas suficientes, como por ejemplo plantas,

madera, etc., para lograr que los peces se sientan seguros mientras nadan.

- El pez tiene heridas abiertas que no parecen sanar. Posible causa: el pez ha sido agredido. Normalmente, las mellas menores sanan rápidamente.
- Si ello no ocurre, los niveles de tensión pueden estar ocasionando una disminución del sistema inmune del pez.
- El pez tiene alguna enfermedad (parásitos, hongo, etc.) Por supuesto, la propia enfermedad es un problema mayor. En la mayoría de los casos, el sistema inmune de un pez saludable le impide enfermarse. Así, enfermarse es una señal de que el pez está en un estado de estrés.

Plantas acuáticas

Tres son las plantas habituales en los acuarios: de raíz, flotantes y esquejes.

Plantas de raíz:

Son las más habituales y de las cuales podemos encontrar mayor variedad, tanto en el tamaño, como en el color y su ritmo de crecimiento. Solamente las podremos identificar mediante la flor, pero hay que mencionar que ésta solamente florece en la superficie.

Este tipo de planta crece con facilidad y se alimenta de las materias fecales de los peces, aunque al principio hay quien las planta en pequeñas macetas llenas de gravilla. Las más comunes son: la Riccia que no necesita una iluminación especial, lo mismo que la Microsorium pteropus, y las

Vallisneria y Sagittaria, esta última muy apreciada por los aficionados.

Plantas más cortas, adecuadas para estar entre rocas son las Acorus y el Eleocharis, aunque suelen necesitar bastante luz. El Echinorus es una de las más bellas, aunque de crecimiento modesto, mientras que la Cryptocoryne es adecuada para el desove.

En resumen:

La Pistia stratiotes es una planta pequeña de raíces migratorias.

La Hygrophila difformis es capaz de cambiar de forma según la luz que reciba.

La ceratophyllum demersum que necesita agua fría para sobrevivir.

La Eleocharis acicularis que necesita mucha luz.

La Ceratopteris thalictroides, muy robusta y que se desarrolla bien en aguas calientes y gran cantidad de luz.

Y el musgo Vesicularia Dubyana que se adhiere bien a las rocas y supone un elemento de protección.

Sobre los peces adecuados

Esta una relación de los peces más comprados, aunque es posible que existan diferencias importantes según la provincia y, por supuesto, el país.

Danio cebra: hasta 5 cm. Se alimenta de gusanos, comida y pequeños crustáceos. Agua entre 18 y 25º.

Guppy: entre 3 y 6 cm. Se alimenta de crustáceos, insectos, gusanos y comida seca. Agua entre 22 y 28º.

Pez ángel: 15 cm. Se alimenta de comida seca, gusanos y vegetales. Agua entre 22 y 30º.

Cola de espada: entre 10 y 12 cm. Se alimenta de crustáceos, gusanos, insectos y vegetales.

Tetra linterna: 4,5 cm. Se alimenta de alimentos secos, gusanos, insectos y crustáceos. Agua entre 22 y 27º.

Pez arlequín: 4,5 cm. Se alimenta de crustáceos, gusanos y comida seca. Agua entre 22 y 25º.

Barbo de cabeza purpúrea: hasta 6 cm. Se alimenta de gusanos, comida seca y vegetales. Agua entre 22 y 24º.

Cíclido de Trewavas: hasta 10 cm. se alimenta de gusanos, crustáceos y comida seca. Agua entre 22 y 25º.

Cíclido dorado: entre 9 y 11 cm. Se alimenta de gusanos, crustáceos y comida seca. Agua entre 22 y 25º.

Cíclido azul: hasta 16 cm. se alimenta de insectos, gusanos y crustáceos. Agua entre 22 y 26º.

Julie dorado: hasta 7 cm. se alimenta de comida seca, insectos y gusanos. Agua entre 22 y 25º.

Otocinclo dorado: hasta 4 cm. Se alimenta de gusanos, vegetales y comida seca.

Coridora bronceada: hasta 7 cm. se alimenta de comida seca, gusanos y vegetales. Agua entre 19 a 26º.

Si al llegar a su tienda no encuentra ninguno de los peces seleccionados, le recomendamos si no es experto que se abstenga de comprar cualquier pez que no conozca bien o del cual no tenga referencias, aún cuando le sea recomendado por los empleados de la tienda. Algunas tiendas tienen personal muy experto, pero otras no. Por eso, si usted confía por experiencia en esa tienda y sabe de su honradez, puede dejarse asesorar sin problemas. Quizá le lleve algunos meses averiguar cuál es la tienda mejor, pero creemos que merece la pena que usted se tome algunas precauciones.

Una vez que ya ha asumido las mejores opciones para encontrar sus peces idóneos, el principiante debe inspeccionar los especímenes cuidadosamente para tratar de encontrar en alguno barrigas hundidas, ojos hundidos, aletas caídas, dificultad en respirar (a menudo con las tapas de las agallas bastante extendidas), y cualquier clase de manchas externas que podrían indicar parásitos o enfermedades.

Si los peces parecen saludables, el novato debe comprar un número muy pequeño de peces hasta que esté seguro del número adecuado para su acuario. Uno que admita veinte galones es un buen tamaño para empezar, puesto que es lo suficientemente grande para lograr unas condiciones de agua bastante estables, pero todavía algo pequeño como para que no requiera muchos cuidados. Para este tipo de acuario podrá poner un solo pez grande o tres o cuatro peces más pequeños. Si pone demasiados peces en un tanque pequeño debe saber que el amoníaco que se genera matará a sus peces. Si la población de su acuario crece gradualmente, esto no será un problema.

Un buen pez

Nosotros definimos como un buen pez para principiantes aquel que es fácil de alimentar, cuidar, que es fuerte y capaz de vivir en una gran variedad de condiciones de agua. Si además es atractivo y convive sin problemas con los demás, será el pez ideal sin lugar a dudas.

Este tipo de pez no es raro y es frecuente encontrarlo en cualquier tienda a un coste pequeño. Es más, suelen ser recomendados como muy adecuados para principiantes. La única precaución es asegurarse que se trata realmente de uno de estos peces.

Muchos peces pequeños cumplen esa función como peces ideales. Estos incluyen las diferentes especies normalmente disponibles de Danios y Rasboras, y la mayoría de las especies disponibles de Barbos.

Aunque es frecuente que se tiente a los principiantes para que tengan uno o dos peces de cada especie, esto debe evitarse. Los peces se crían mejor si conviven juntos de la misma especie. Se recomiendan un mínimo de seis de cada uno, aunque, cuatro son el mínimo recomendable. A la larga, una docena de peces de la misma clase que muestren una adecuada conducta será más fácil de cuidar que un grupo mixto que estén obligados a compartir un mismo tanque. De ser así es frecuente que veamos algunos peces cerca del calentador del agua, mientras que otros permanecen quietos siempre en la misma esquina.

Por supuesto, como se mencionó ya anteriormente, la población necesita ser construida despacio, comenzando con dos o tres peces.

COMIDA VIVA

Las ventajas de las comidas vivas son:

La comida que no hayan ingerido no se deteriorará inmediatamente y estará siempre disponible cuando los peces tengan hambre. Esta es una manera de suministrar alimentos más controlada, es más barata y genera menos enfermedades, además de obligar a todos los peces a que se muevan para capturar su alimento.

Estas son las comidas vivas más conocidas:

• Las larvas de mosquito, pulgas de agua y los gusanos, son un excelente y completo alimento, además de muy vivaces.
• Las vulgares lombrices de tierra, siempre que no contenga pesticidas ni abonos, también son un exquisito bocado para la mayoría de los peces.
• Respecto a la comida de los humanos, les podemos echar guisantes, lechugas, espinacas y algo de carne de vaca sin grasa.
• Las crías de la artemia, un crustáceo marino, son un alimento exquisito para los peces más pequeños.

Comidas secas:

La podemos encontrar de diferentes formas y precios, adecuadas para cualquier tipo de pez. Existen en forma de tabletas, polvos, pasta y terrones, así como en líquido o congelados. El único requisito es que tengamos en cuenta el tamaño de los peces y su edad, puesto que las crías necesitan un alimento microscópico.

Requisitos:

• Como norma general hay que procurar variar el tipo de alimento para sus peces, puesto que de no ser así es posible que se vuelvan inapetentes.

• No alimentarles demasiado, no por el peligro de que engorden, sino porque el alimento que no se comen se pudre y contamina el acuario.

• La comida se administra en poca cantidad, pero con frecuencia.

• Debemos observar que comen todos, incluso los más pequeños o tímidos.

• Hay quien aconseja como ideal darles tres comidas al día, siendo la última justo antes de apagar la luz del acuario.

El mantenimiento

Este es un resumen de todo lo anterior:

• Primero verifique todos los factores medioambientales.

• A la primera señal de un pez enfermo (respiración rápida o salida a la superficie para respirar), hay que verificar todo. Si hay algún pez muerto hay que localizarlo rápidamente y sacarlo, puesto que contaminará al acuario.

• Hay que revisar el termómetro del agua, los sistemas de aireación, los filtros y las luces. Los filtros deberán cambiarse cada tres o cuatro semanas, revisando especialmente los del compresor.

133

- Muy importante es controlar el ciclo del nitrógeno.
- Hay que realizar periódicamente los cambios de agua y emplear los neutralizadores y correctores químicos adecuados.
- Hay que regar y limpiar el agua con frecuencia. Una vez al mes se extraerá un 25% del agua del acuario y se añadirá entonces agua a la misma temperatura.
- Se deberán eliminar todas las hojas muertas y podar las plantas más grandes.
- Hay que rascar el vidrio para eliminar las algas, aunque es conveniente dejar una pequeña cantidad que sirva de alimento para los peces vegetarianos.
- Es conveniente rastrillar la gravilla para asegurar un buen flujo de agua en su interior.

¿Cuánto tiempo aguantan los peces sin comer?

Esta es una pregunta que se hacen muchas personas que se ven en la necesidad de tener que ausentarse unos días de su vivienda y no tienen a nadie que se cuide de los peces. Si están bien alimentados es fácil que aguanten sin problemas hasta quince días sin comida ni luz. En ausencia de su comida diaria buscarán por todos los rincones y podrán sobrevivir bastante tiempo.

Otros consejos:

- No ponga demasiados peces juntos, especialmente de especies y tamaños diferentes.
- Si hay peces pequeños tiene que poner refugios para ellos.

- No fume en el mismo lugar en donde tenga su acuario. Tampoco puede pintar ese cuarto, ni emplear disolventes químicos.
- Cuando limpie o manipule su acuario hágalo con delicadeza para no asustar a los peces.

Enfermedades:

Hongos:

La Saprolegnia suele atacar a los peces debilitados a causa de anteriores infecciones o condiciones adversas de vida. Los síntomas incluyen unas erupciones blancas que pueden ser aisladas o cubrir a todo el pez. Suele ocasionarse también por trasladar de acuario a un pez y aunque no es contagiosa hay que aislarle para lograr un tratamiento adecuado.

Normalmente se corrige poniendo al pez en agua con sal marina integral, en una concentración de 7 g por cada litro. Si los hongos se desarrollan en la boca el tratamiento requiere antibióticos específicos.

El Punto blanco:

La Ichthyophthiriasis es quizá la enfermedad más frecuente en los peces de acuario y la podemos diferenciar por las pequeñas manchas blancas que cubren las aletas. El parásito es muy resistente y suele reproducirse en el fondo del acuario en espera de encontrar un nuevo huésped donde desarrollarse. Puede contagiarse con rapidez a todos los peces, aunque el tratamiento es muy eficaz cuando forma esporas.

Hidropesía:

Al igual que en el ser humano, el pez se hincha por dentro por la acumulación de líquido y vemos entonces que las escamas salen hacia afuera. Al no conocerse la causa no hay un tratamiento eficaz, salvo tratar de extraerle el exceso de líquido.

Pústulas:

También se forman manchas blancas como en los hongos, pero ahora el pez está seriamente enfermo, delgado y permanece casi siempre enroscado. Una alimentación con suficiente cantidad de nutrientes les mejora sensiblemente.

Parásitos:

Pueden ocasionar enfermedades como la Dactilogirosis o la Girodactilosis. En estos casos están afectadas las branquias, hay una gran palidez en el color de su piel y vemos que el pez tienen dificultades respiratorias subiendo a la superficie.
El tratamiento consiste en sumergirle en una solución de azul de metileno.

GLOSARIO

Africans
Se refiere al cíclido de agua dulce de Africa. Estos peces viven en lagos de aguas muy duras y ligeramente saladas.

Agitador
Un dispositivo en el que mediante un cambio en las cabezas y a intervalos sin control, simula la acción de las olas del mar en el acuario.

Alcalinidad
Esta es la medida de la resistencia de una solución a los cambios en el pH. Se dice que algo es alcalino cuando tiene un pH superior a 7. La alcalinidad puede ser modificada añadiendo ácidos.

Alevines
Los peces recién nacidos

Algas
Plantas como organismos que crecen en el agua. Mientras muchas algas crecen como una pelusa o ensucian el lugar en donde viven, otras son útiles tanto como alimento como decorativas.

Almohadillas de adsorción moleculares
Se trata de forros de poliéster que se han tratado para absorber ciertas substancias del agua por procedimientos químicos. Esta forma de filtración química a veces quitará elementos buenos, así como los contaminantes.

Amoníaco
El NH3 es uno de los pasos en el ciclo del nitrógeno. Es tóxico para la mayoría de las criaturas, y debe evitar que se forme en cualquier acuario.

Anaeróbico
Literalmente sin aire, se refiere a un área donde no hay nada de oxígeno disuelto en el agua. Mientras que es necesario para algunos procesos bacterianos, también puede ser muy perjudicial al generar sustancias indeseables.

Aragonite
La substancia que constituye los esqueletos y la arena de coral. Es una forma de CaCO3.

Artemia
Se refiere a la gamba de la salmuera.

Branquias
Órganos por los cuales los peces extraen el oxígeno del agua.

Bomba de aire
Se trata de una bomba que proporciona aire para los tubos de filtración y oxigenación. El tipo más común es mediante un diafragma, aunque las bombas de cilindros se usan más en los acuarios grandes.

Bomba de cilindro
Es un tipo de bomba de aire que puede producir grandes volúmenes de aire, aunque son más ruidosas que las bombas de diafragma más comunes.

Bomba de diafragma
El tipo más común de bomba de aire. Una gran variedad de marcas y estilos de la que están disponibles producen cantidades diferentes de aire, con diferentes volúmenes de ruido.

Bomba dosificadora
Una bomba que puede proporcionar un goteo muy lento y que se usa para agregar elementos o recuperar el agua evaporada.

Bombeo periastólico
Se trata de una bomba dosificadora que trabaja usando rodillos que aprietan una tubería flexible.

Calentador
Dispositivo para calentar el agua del acuario. En el mercado encontraremos calentadores sumergibles, laterales o incluso para situar debajo del tanque.

Carbono
Vea carbono activado.

Carbono activado
Se parece al carbón de leña desmenuzado. Puede absorber muchos compuestos que están en el agua, y es especialmente útil para aclarar el agua sucia. El carbón activado debe cambiarse regularmente, puesto que después de usarse mucho tiempo puede librar nuevas impurezas.

Chiller
Se trata de un dispositivo que refrigera el agua del acuario.

Cíclidos

Una familia de peces de agua dulce encontrada naturalmente en América del Sur y Africa. La mayoría de ellos son peces muy agresivos.

Ciclo del nitrógeno

El ciclo del nitrógeno se describe como el descanso de las basuras orgánicas en el acuario. El pez genera de manera natural estas basuras que al descomponerse generan amoníaco que es muy tóxico. Las bacterias Nitrosomonas procesan el amoníaco en nitrito que también es tóxico. Las bacterias Nitrobacter transforman entonces estos nitritos en nitratos que son mucho menos perjudiciales. Este es un ciclo que ocurre en la mayoría de los tanques, aunque bajo condiciones correctas, el nitrato está siempre bajo control.

Cloramina

Esta substancia se usa a veces como bactericida en los suministros de agua municipales. Es venenosa para los peces, pero puede quitarse con compuestos especiales. El cloro es diferente.

Cloro

Esta substancia normalmente es usada para potabilizar el agua de las ciudades. Es venenosa para los peces, pero puede quitarse con compuestos anticloros especiales, o aireando frecuentemente el agua del acuario.

Cloruro de calcio

CaCl2. Es una forma de calcio que puede agregarse para mantener el nivel del calcio en los acuarios. Sin embargo, se prefiere el hidróxido de calcio para modificar la alcalinidad o el equilibrio iónico.

Dióxido de carbono
El gas CO_2 es un nutriente necesario para las plantas, y puede usarse para bajar el pH.

Director
Un dispositivo que mide algunos parámetros del acuario. Consta de unos interruptores que abren y cierran diversos dispositivos, especialmente la temperatura y el pH.

Deionización
Un proceso para filtrar el agua antes de agregarla al acuario. Las compuestas por resina se pueden recargar, aunque ello implica la utilización de productos químicos.

Detritus
Excrementos que se depositan en el suelo del acuario.

DLS
DLS (doble-codo espiral) es un material hecho enrollando una almohadilla de poliéster y una malla de alambre de plástico. Se usa en filtros biológicos y mecánicos.

Espumadera de proteínas
Este filtro químico, también llamado fraccionador de espuma, envía muchas pequeñas burbujas a través de una columna de agua separando así los compuestos orgánicos disueltos en el agua. Solamente son eficaces en agua salada. Pueden ponerse en el tanque, en un lateral, o ponerse en un sumidero.

Esterilizador ultravioleta
Un dispositivo que usa los rayos UV para matar las bacterias y otros organismos diminutos.

Estroncio
Este elemento es necesario para los corales, almejas, y otras criaturas que tienen esqueletos calcáreos y que crecen. Normalmente es frecuente agregarlo como cloruro de estroncio SrCl2.

Filtros
Los filtros son dispositivos que limpian el agua. De diversa utilidad y mecanismo, los filtros pueden situarse externamente al acuario o dentro, ser mecánicos, químicos o biológicos. Los eléctricos cerrados son los preferidos por los usuarios y pueden estar situados incluso a distancia del acuario. Todos pueden ser muy eficaces, siempre y cuando se efectúen periódicamente las labores de mantenimiento.

Filtración biológica
Estos filtros utilizan las modificaciones que hacen las bacterias con la basura del agua, transformándolas en substancias que son menos tóxicas para los peces. Es un proceso conocido como el ciclo del nitrógeno. Algunos filtros son los de grava, filtros de esponja, y filtros de goteo.

Filtro de gravilla de marcha atrás
Esta variante de filtro de gravilla funciona en dirección opuesta y empuja el agua a través de la arena gruesa. Exige disponer de una bomba de agua y ser limpiado a menudo.

Filtración mecánica
Estos filtros quitan las partículas mecánicamente del agua.

Filtración química
Estos filtros usan procesos químicos para limpiar el agua. Los ejemplos son los disolventes de proteínas, el carbón activado o las resinas.

Filtro externo
Cualquier filtro no guardado dentro del acuario, pero conectado con mangas.

Filtros de burbuja
Estos filtros interiores usan un tubo para subir el agua a través de un bloque de espuma, como en un filtro de esponja.

Filtro de esponja
Este filtro proporciona una filtración mecánica y biológica. Consiste en un caucho de espuma grande (esponja) conectado a un tubo. El agua es arrastrada a través de la esponja y así quita las partículas pequeñas donde crecen las bacterias.

Filtro de goteo
Esta forma de filtro seco/húmedo proporciona un buen filtrado. Se gotea agua encima de algunos mecanismos de comunicación que también se exponen al aire. Esto promueve una nitrificación muy eficaz. El agua puede gotear de una barra de rocío o mediante un recipiente de goteo.

Filtros interiores
Cualquier filtro que opera dentro del tanque. Los filtros de esponja son un ejemplo de ello.

Filtro potente
Se consideran así aquellos que se ponen en un lateral del tanque, internamente o externamente, y que contienen una bomba interior para expeler el agua. Proporcionan filtración mecánica, y opcionalmente química o biológica.

Filtro ultravioleta
Este filtro proporciona una filtración mecánica y otra biológica. Consiste en un plato perforado puesto en el fondo del acuario y cubierto de arena gruesa. Se tira el agua a través de la arena, bajo el plato, y a través de los tubos de alzamiento.

Fotosíntesis
Proceso por el cual las plantas absorben el dióxido de carbono y liberan oxígeno.

Fragmentación de la espuma
Disolución de las proteínas acumuladas.

Gamba de la salmuera
A veces vendida como monos del mar, esta gamba crece aproximadamente 1/4 de pulgada y se usa como una comida viva para los peces. Suelen salir del cascarón fácilmente y sus huevos pueden guardarse secos durante años.

Galón
Medida de capacidad inglesa que equivale a 4,54 litros.

Hálide

Las luces de hálide son un tipo de bombilla que dan una luz muy blanca y luminosa. Son lo más parecido que tenemos para simular la luz del sol, y se usan habitualmente en arrecifes y para iluminar las plantas de loa acuarios. Son muy eficaces en términos de potencia y temperatura de color. No hay que confundir estas luces con las de halógeno que no tienen una luz adecuada para el uso del acuario.

Halógeno

Las luces halógenas no tienen una luz apropiada para el uso del acuario.

Hidróxido de calcio

$Ca(OH)2$.

Kalkwasser

Se trata de un aditivo para aumentar la concentración de calcio en el agua. Es la manera preferida para mantener los niveles de calcio en un acuario con corales crecientes, almejas, y algas. Aproximadamente se emplea una cucharilla de $Ca(OH)2$ en polvo disuelto en un galón de agua pura.

Killifish

Esta familia de peces pequeños de agua dulce raramente se encuentra en tiendas de animales domésticos. Viven solamente un año y ponen huevos que pueden sobrevivir incluso en condiciones ásperas.

Luces actínicas

Actínicas son un tipo de luz fluorescente que es muy azul. Este es el color de luz más útil para la síntesis de la clorofila en la vida marina, y es el color del mar a una profundidad de 10 metros.

Nitrificación
El proceso por el cual el amoníaco se cambia a nitrito, después a nitrato, y finalmente a gas nitrógeno.

Nitrato
NO3, éste es un producto del ciclo del nitrógeno. No es tóxico, aunque a niveles altos puede causar un poco de dolor. En un tanque debe mantenerse tan bajo como sea posible, menos de 10 ppm. Nunca debe sobrepasar los 30-40 ppm.

Nitrito
NO2, éste es uno de los pasos en el ciclo del nitrógeno. Es tóxico para la mayoría de las criaturas, y debe evitarse que aumenten sus niveles en cualquier tanque.

Oligoelementos
Son compuestos químicos que necesitan en cantidades pequeñas las criaturas del acuario para sobrevivir, como las vitaminas. Deben aportarse junto con la comida, los cambios de agua, o en aditivos específicos.

Ósmosis inversa
Es un proceso para filtrar el agua antes de que se use en el acuario. Este proceso genera agua lentamente y gasta un par de galones de agua por cada galón de agua filtrada. Sin embargo, es uno de los métodos de purificar el agua más fáciles.

Ovíparos
Animales que ponen y fertilizan sus huevos fuera del cuerpo de la hembra.

Ozono
Es un gas, O3, muy reactivo. Se usa como un agente esterilizante para matar bacterias y organismos pequeños en el agua. Se usa en un reactor de ozono. Es importante no usar demasiado ozono, y filtrarlo adecuadamente antes de incorporarle al tanque, pues el ozono en exceso puede dañar a los peces y otras criaturas.

pH
Una medida que hay quien define como "el poder del Hidrógeno", o para diferenciar una solución como ácida o alcalina. Algunos peces son particularmente sensibles a ello y requieren algún pH específico, mientras que otros vivirán con cualquier valor. No obstante, la mayoría son sensibles a los cambios y solamente se pueden efectuar gradualmente.

Piedra viva
Se trata de piedras extraídas en las proximidades de un arrecife de coral tropical, con todos sus elementos vivos e intactos. Normalmente tienen algas, esponjas, gusanos, crustáceos pequeños, pólipos y pilluelos. Las piedras vivas son una manera importante de construir un ecosistema completo y estable para un arrecife de coral.

Power head
Se denominan así a las bombas sumergibles pequeñas. Poseen solamente un mecanismo impulsor y son útiles para

crear corriente dentro de un tanque o actuar como filtros dentro de la gravilla.

Prefilter
Se trata de un filtro mecánico pequeño sujeto a la entrada de otro filtro, normalmente biológico. Con ello se asegura que el biológico no queda obstruido por sustancias viscosas y puede conservar toda su efectividad.

Pulidor
Es una substancia que se disuelve en el agua para aumentar su alcalinidad y/o ajustar el pH. Pueden formularse pulidores para ajustar el pH a un valor particular, o para aumentar la alcalinidad.

Reactor
Un dispositivo que agrega una substancia al agua del acuario de una manera controlada. El ozono y el dióxido de carbono son los reactores más comunes. En ellos el agua de la cámara se bombea a través de un inyector junto con el aditivo.

Redox
Redox, o potencial de oxireducción, es una medida de cómo se realizan las reacciones orgánicas.
Es un indicador de la calidad del agua, medido en milivoltios con una sonda especial. Los valores más altos son los mejores. Mediante un productor de ozono se puede mejorar el potencial redox.

R/O
Véase ósmosis inversa.

Salobre
Se refiere al agua que contiene sal. También se denomina así al intermedio entre el agua dulce y el agua de mar. Varias especies prefieren agua de estas características.

Sifón
Sistema por el cual pasa agua de un nivel elevado a otro más bajo.

Sumidero
Un depósito de agua adicional, típicamente bajo el tanque, que sirve para alejar de la vista la suciedad o aumentar la cantidad de agua en un sistema.

Tubiflex
Gusanos pequeños que se encuentran en el fondo de los ríos y que se emplean como alimento para peces.

Turba
Esta forma de musgo seco puede usarse como un material filtrante para ablandar el agua y hacerla más ácida.

UGF
Filtro dentro de la gravilla.

Venturi
Un tipo de válvula que produce burbujas mediante el uso del aire pasando rápidamente por el agua fluida. A veces se usa en espumaderas de proteína.

Yodo

Un oligoelemento necesario para la vida en cantidades muy pequeñas, pero mortal a concentraciones más altas. Es necesario sobre todo para la muda de los crustáceos y para el crecimiento de los corales

Zeolite
Un sistema natural que absorbe el amoníaco y ablanda el agua. Es eficaz en agua fresca.

CAPÍTULO 4

HÁMSTERES

Cuando se está pensando en adquirir un hámster, se han de tener en cuenta tres cosas básicas: su alojamiento, cuidados y alimentación.

Probablemente usted desee adquirir el hámster cuando éste tenga entre cuatro y siete semanas, pues estas mascotas, al igual que ocurre con el resto de los animales, son más fáciles de educar cuando son jóvenes.

Tanto el macho como la hembra son igual de dóciles y tranquilos, pero si desea tener dos hámsteres en una misma jaula será muy importante que sean de la misma raza. Pues, aunque ellos sean muy sociables, cada raza tiene un carácter diferente, y se llevarán mejor si han sido compañeros desde el nacimiento y son del mismo sexo. En cualquiera de los casos, lo ideal es que estén en sitios separados, ya que estas mascotas son muy territoriales.

Los **hámsteres sirios** son bastante más fáciles de manejar, de coger, debido a que su tamaño es mayor. Suelen ser muy solitarios y aunque viven junto a otros hámsters en las tiendas cuando son bebés, al cumplir entre 8 y 10 semanas no toleran la compañía de otros hámsters en su misma jaula. Esto hace que se les aloje en jaulas separadas, pues de lo contrario lucharán por el territorio y terminarán lesionados.

Los **hámsteres enanos** son mucho más sociables y pueden vivir en grupo alegremente, del mismo sexo o mixtos. Lo que sí ha de tenerse en cuenta es que han de estar juntos desde que son jóvenes, pues difícilmente aceptan un nuevo miembro cuando ya son viejos y menos aún si se han acostumbrado a vivir exclusivamente solos.
Cuando desee tener dos hámsters enanos en la misma jaula lo ideal es que los dos sean de la misma edad y tamaño, e incluso del mismo sexo (si no desea que engendren), y deben estar acostumbrados a vivir en comunidad, aunque no procedan del mismo grupo. Ellos al principio pueden disputarse quien será el jefe, por eso es normal que los primeros días les oiga chillar, pero el contacto físico dado su tamaño no es grave.

Los **hámsteres rusos** tienden a ser más vivarachos, y por ello son más difíciles de manejar por niños pequeños. Los **hámsteres chinos** también son a menudo un deleite para los niños, ya que apenas sienten su mano usan sus patas para aferrarse a ella. Por este motivo, resulta casi imposible desprender un hámster chino de la mano de un niño. Si lo hace bruscamente le romperá las pequeñas patas.

Sin embargo, cualquiera de las razas han de ser manejadas por los niños con sumo cuidado, ya que al tomarlos en el hueco de su mano pueden hacerlo con demasiada presión y dañarles, e incluso matarles. Manejar adecuadamente un animal de estos requiere tacto y mucha delicadeza.

Algunos Consejos:

• Cuando vaya a comprar un hámster hágalo por la tarde, ya que es cuando este animal se encuentra más activo. Durante el día la mayoría de ellos lo pasan durmiendo.

• Es importante adquirir un hámster que presente un estado saludable. Su cuerpo ha de ser liso y la piel ha de estar limpia, particularmente en la parte inferior de su cuerpo. No debe haber ninguna zona desnuda.

• Sus orejas deben estar limpias en el interior si el hámster es joven, cubiertas por fuera con pelo.

• Los ojos han de ser luminosos y limpios.

• Ha de preguntar a la persona que le proporcione el hámster qué tipo de alimentación ha tenido, para que usted pueda darle lo mismo. Si usted quiere alimentarle con algo diferente, recuerde cambiar gradualmente a otras comidas.

• En la tienda le proporcionarán una caja de cartón para su transporte, pero tenga en cuenta que si el trayecto dura más de dos horas, el hámster puede roer el cartón y salir fuera.

- Por este motivo es más conveniente que usted lleve una caja de plástico bien cerrada y con agujeros aéreos. Añada en ella su ropa de cama y una pequeña cantidad de comida.

- Una vez en casa, lave su jaula definitiva con unas gotas de desinfectante, enjuáguela bien y séquela. Cubra el suelo de la jaula con mucha ropa y materiales para que él haga su nido.

- La ropa de cama ha de estar limpia, seca y ser muy absorbente.

- Los materiales opcionales más populares para la construcción del nido son el pelo de cabra, el heno, papel blanco, cartón y la viruta de madera. Hay que evitar la que proceda de madera de cedro, ya que ésta tiene un olor demasiado intenso para los roedores muy pequeños, pudiendo causarles irritaciones severas. Ponga cualquiera de estos materiales dentro de la jaula y él mismo construirá su nido.

- Agregue dentro de la jaula la rueda de ejercicio, y un rollo de cartón (puede servir el del papel higiénico) para los juegos.

- Otros utensilios de ejercicio harán que nuestro hámster se mantenga en plena forma. Una simple madera colocada entre dos barras hará de trampolín para él.

- Por último, ponga comida en la jaula y prepare la botella adecuada para ellos con el agua.

- Sólo el hámster sirio puede necesitar el cepillado por su largo pelo. Esto se hará suavemente y con un cepillo de dientes. El resto de las razas no requieren cuidados de este tipo.

Como ocurre con cualquier otra especie, el hámster necesitará de algunos días para adaptarse al nuevo sitio, por ello, lo mejor es dejarle en un lugar donde él pueda entrar o salir de la jaula hasta construirse su nido, y sólo ponerle comida hasta que todo esto ocurra. No es conveniente intentar educarle, ni tocarle durante esos días; mejor dejarle sólo, pues él necesita explorar su nueva jaula.

Tampoco es aconsejable cambiarle de jaula cada poco tiempo, pues estaríamos obligándole a estos periodos de adaptación continuamente.

Es peligroso:

• Poner la jaula cerca de una ventana, donde en algún momento del día dé el sol directamente, o esté próxima a un radiador. Recuerde, la luz intensa le dejará ciego.

• Poner en la jaula lana o materiales de algodón, pues estos tejidos tienen demasiada pelusa y pueden ser peligrosos para el hámster si los come. Igualmente, peligroso es utilizar tejidos que tengan hilos en los que el hámster pueda quedar atrapado.

• Que le falte dentro de su jaula un trozo de pan duro donde limarse sus dientes.

• Que la jaula quede al alcance del gato o de otros animales, si los tiene, pues aunque no puedan entrar en la jaula pueden tener al pobre hámster atemorizado.

• No limpiar la jaula adecuadamente, pues esto generará parásitos que le hagan enfermar.

• Bañar a un hámster. Ellos se lavan a sí mismos, por tanto, si algo oliera en su jaula, será ésta la que tendrá que limpiar. Si, por alguna razón, usted piensa que su hámster necesita algún tipo de limpieza puede hacerlo con un cepillo de dientes suave y un poco de agua tibia, pero asegurándose que no le empapa, ya que esto podría hacer que se pusiera enfermo.

• Usar serrín de madera en vez de viruta. El serrín puede causarle irritaciones en los ojos y problemas respiratorios.

• Usar paja para su ropa de cama, sus bordes afilados pueden cortarle.

Su alimentación:

• La comida se le pone una vez al día, mejor por la tarde, colocando un pequeño manojo de verduras y observando si se come todo y necesita más cantidad, aunque debemos tener en cuenta que el sobrante lo suele almacenar en su nido. Por ello, antes de aumentar su ración hemos de comprobar si la tiene almacenada.

• La comida ha de ser variada y para ello cada día pondremos algo diferente, hasta que sepamos ya lo que le gusta.

• Las verduras son un buen alimento para el hámster, pero debemos dárselas crudas y bien lavadas. Algunas de las verduras que más les gustan son: brócoli, nabos, zanahorias, espinacas, achicoria, coliflor, perejil, apio, maíz, coles de Bruselas. La lechuga en pequeñas cantidades, puesto que puede causarle problemas.

• En general, las verduras han de administrársele en pequeñas cantidades para que no le causen diarreas.

• Las frutas que más les gustan son: manzana, pera, uva, ciruela, frambuesa y tomate, pero todo en cantidades pequeñas, ya que se deterioran rápidamente. Hemos de estar seguros que no le quedan restos de un día para otro.

- A los hámsteres les gusta comer de manera especial semillas, granos, verduras y fruta.
- Para asegurarse que toma las vitaminas que necesita, usted puede comprar gotas de vitaminas para animales pequeños en las tiendas especializadas. Estas se le añaden al agua en el recipiente especial para ellos.
- Nunca deje a su hámster sin agua fresca y limpia.
- En las tiendas especializadas puede encontrar una mezcla a base de copos de avena, cebada, pelotillas roedoras, cacahuetes, pipas de girasol, maíz, galletas de perro y semillas de pájaro, las cuales son un alimento muy completo para su hámster. Este tipo de comida puede constituir la parte principal de su dieta.
- También existen unas pelotillas de comida comprimida, pero éstas no son aconsejables, ya que de esta forma no se le da una alimentación variada.
- Otros productos que son igualmente apetitosos para él son: bizcochos, galletas, cereales, patatas, pan, pescado y pollo cocinados, queso, huevos hervidos, pasas sultanas y tostadas.
- Si usted sale de vacaciones para más de tres días, y no dispone de nadie que pueda cuidar de su mascota, lo más aconsejable es que lo lleve con usted. Sin embargo, si va ha salir por un periodo más corto, bastará con dejarle bastante comida en la jaula hasta que usted vuelva, pero, ¡ojo!, no olvide llenar su botella de agua.
- En las tiendas podrá encontrar platos para la comida, pero al hámster le gusta mucho más comer directamente del suelo.

Nunca alimente a su hámster con:

Chocolate, ajos, cebollas, mezclas de alimentos para conejos (contienen ingredientes antibióticos), riñones, frijoles y caramelos.

¿Qué tipo de jaula es la ideal? :

• Existen en las tiendas especializadas una gran variedad de jaulas para estos animales. El tipo más común es la que tiene una base de plástico y la parte superior de alambre rígido. Los cierres de la parte superior son de fácil manejo para poder sacar al hámster y limpiar la jaula con facilidad.

• Hay también jaulas multiniveladas, que consisten en una base de plástico, la parte superior de alambre rígido y unas escaleras dentro de la misma jaula que le llevan de un piso a otro. Cualquiera de ellas ha de contar con la rueda de juego y el tubo especial para el agua.

• También podemos encontrar otro tipo de jaulas que poseen compartimientos y túneles. Estas pueden ser bastante caras y más difíciles de limpiar. Además, los hámsters un poco más grandes pueden encontrar estos túneles demasiado estrechos.

• Un poco de tierra en el suelo de la jaula le servirá para revolcarse. No olvidemos que el hámster salvaje vive en el desierto donde no tiene ningún problema para disfrutar de esto.

También pueden usarse acuarios para alojar un hámster, pero los acuarios de vidrio suelen presentar más problemas para su limpieza. Los de plástico son, sin embargo, más fáciles de limpiar y son más ligeros. Los acuarios suelen ser jaulas ideales para las hámsters embarazadas o mientras la madre alimenta a su bebé. Para sustituir el tubo del agua podemos valernos de una botella que sujetaremos con velcro adhesivo. Cualquier acuario debe tener una tapa bien ventilada para evitar la condensación.

Anteriormente, las jaulas se hacían totalmente de metal, pero ya raramente se ven por su tendencia a oxidarse. Usted puede construirse su propia jaula con una combinación de madera y malla de alambre, pero los hámsters tienden a roer la madera, por esto, pueden lograr escapar o necesitará reparar la jaula de vez en cuando.

Las jaulas normales de plástico en la base, y alambre rígido en la parte superior, no son válidas para los hámsters enanos, pues éstos, por su tamaño, logran apretarse tanto que consiguen pasar entre dos de estas barras. Estos hámsters, por lo tanto, requieren de jaulas con menos separación entre las barras.

La mayoría de las jaulas ya llevan la rueda de juego incorporada, pero también podemos comprarla por separado y adaptarla en el lugar o posición que queramos. Siempre es mejor que la rueda sea sólida, y que gire sin dificultad, para que el hámster no pueda resbalarse, o quedar atrapado entre los escalones y dañarse.

La rueda mantiene al hámster en una excelente forma física, por este motivo no debe faltarle en su jaula, aunque no a todos los hámsters les gusta usarla. Otros accesorios de juego también pueden servirle para hacer ejercicio, como algunos tubos que le sirvan de túneles, aunque si son de cartón acabarán hechos pedazos, o escaleras construidas en la misma jaula.

La ropa de cama más adecuada:

A pesar de ser vendidas en las tiendas especializadas, existe un tipo de ropa con mucha pelusa que desgraciadamente puede dañar su estómago si el hámster la comiera, y hasta causarle la muerte. También hemos de evitar los tejidos que al deshacerse tenga demasiados hilos en los que el animalito pudiera quedar atrapado y estrangularse o dañarse algún miembro.

Como regla general, cualquier tejido usado para la ropa de cama ha de ser muy débil, de forma que se rompa con facilidad. Esto asegurará que si lo traga pueda disolverse en su estómago y si queda enredado alrededor de algún miembro fácilmente se rompa.

Cualquier material que no cumpla estos requisitos no debe usarse. Si en alguna tienda ve que venden este tipo de tejido, no dude en hablarle de lo peligroso que es y desaconséjele su venta.

Se han dado demasiadas experiencias negativas por no haber utilizado la ropa adecuada, como para que hagamos hincapié en la importancia que tiene el utilizar un tejido que no le perjudique.

El papel hecho tiras suele ser muy adecuado.

Experiencias que nos hacen ver la importancia de la ropa:

Estos comentarios nos han sido aportados por poseedores de hámsteres:

• Al comprar mi primer hámster, adquirí en la misma tienda todos los accesorios necesarios incluida la ropa de cama. Me vendieron una ropa cubierta de pelusa, y al día siguiente mi hámster presentaba síntomas de ahogo por lo que inmediatamente lo llevé al veterinario. Con un pequeño extractor pudo sacarle la pelusa que había ingerido. Él fue quien me advirtió de lo peligroso del tejido, y me dijo que muchos hámsters mueren a causa de esto.

• Yo adquirí un bebé de hámster sirio. Unas horas después de haberlo puesto en su jaula con la ropa cubierta de pelusa, pensando que ésta le daría más calor, observé que sus mejillas se hinchaban y que no disminuían con el tiempo. Lo llevé al veterinario y él pudo sacarle la pelusa que ya tenía ahí acumulada, pero me advirtió que si la hubiera tragado se habría puesto bastante enfermo.

• Mi hámster ya era viejo, y no sé cómo se me ocurrió ponerle esa ropa que nunca había utilizado. Cuando observé que estaba enfermo, lo llevé corriendo al veterinario. Pero ya era demasiado tarde; mi hámster ya había muerto por haber tragado pelusa. Nunca más utilizaré ese material.

• Soy un apasionado de los hámsters, tengo uno sirio y dos hámsters rusos. Estos son los que logré salvar cuando al adquirir dos parejas de cada raza y alojarlos en sus jaulas, les protegí con la ropa que creí era la más adecuada. Cuando me di cuenta del error, para uno de ellos ya era demasiado tarde.

Las tiendas debían ser más responsables y no vender algo tan peligroso para los pobres animales.

• Cuando yo le ponía a mi hámster la ropa con demasiada pelusa, percibía que algo en él no iba bien, por lo que decidí hacerle una cama con viruta de madera y papel de kleenex. Al informarme más ampliamente sobre sus cuidados y descubrir lo peligrosa que puede ser esta ropa, me alegré de haber tomado esta decisión.

• Mi hámster tiene la cama hecha con ropa de pelusa y no le ha ocurrido nada.

Desgraciadamente, mi amigo que también tenía un hámster no tuvo la misma suerte y su mascota murió. Creo que soy una afortunada excepción, pero antes de tener que lamentarlo le cambiaré la ropa.

• El problema que yo viví no se debió solamente a la ropa de pelusa, sino al haberle puesto también dulce de chocolate. Al mezclarse el chocolate con la pelusa de la ropa, se hizo una pasta que el hámster ingirió y de no haberlo visto a tiempo hubiera muerto.

• Mi ignorancia le costó la vida a mis dos hámsteres anteriores, hasta que descubrí dónde estaba el problema. Mi primer hámster murió de repente y pensamos que había cogido una infección de la que no había podido recuperarse. Al adquirir el segundo desinfectamos la jaula, esterilizamos todo y volvimos a empezar de nuevo. Una mañana, al despertarnos, vimos que había corrido la misma mala suerte. Quisimos intentarlo una vez más, limpiamos todo de nuevo y le observábamos continuamente.

• Al percibir que se ponía enfermo lo llevamos al veterinario y cuando vimos la bola de pelusa que le extrajo no podíamos creerlo. Resultó que había ingerido pelusa de la ropa de cama y ésta hacía de obstáculo entre el intestino y su estómago. Nunca más hemos utilizado este tipo de ropa, por eso ahora estamos contentos de haberle salvado y orgullosos de nuestro Rocco.

- Yo tuve dos hámsteres en una misma jaula y los dos utilizaron la ropa que creí idónea para su nido. De repente, ellos dejaron de comer y parecía que querían vomitar. Pensé que podría ser por el calor, por lo que hice que bajaran la calefacción de mi casa. Al despertarme al día siguiente mis hámsteres habían muerto y fue el veterinario quien me dijo el motivo que les había causado la muerte. Habían comido la pelusa de la ropa. No entiendo cómo pueden vender estas bolsas de ropa en las tiendas especializadas. Deberíamos demandarles.

- Mi hámster ya tenía aproximadamente un año y medio y su aspecto era de lo más saludable. Hasta el momento nunca había utilizado la ropa de algodón para su cama. Al hacerlo e ir a limpiar la jaula, observé que tenía la boca enredada en la pelusa. Mi hija intentó ayudarle tirando de la pelusa y creímos que había quedado bien, pero al día siguiente dejó de comer y días más tarde había muerto. Yo llamé a la tienda para notificarles mi preocupación y comentarles lo peligroso de vender esos tejidos para la cama de los hámsteres. Su respuesta aún no me la puedo creer. Dijeron que vendían suficientes bolsas todas las semanas como para dejar de hacerlo, y que era su negocio. ¿Puede haber personas tan inhumanas?

- Nadie que haya tenido un hámster y haya visto como estos seres fabrican su nido, hubiera puesto a la venta una ropa de cama así. El hámster deshace el tejido con sus dientes y lo acumula en sus bolsas para luego depositarlo en el sitio que él considere más idóneo para construirse su nido. Lógico es pensar que esta pelusa, como mínimo, puede causarles problemas respiratorios.

Tan peligroso como los tejidos con demasiada pelusa, pueden resultar los tejidos en los que los hilos hagan de cuerda para los frágiles miembros de los hámsteres. Si su tienda habitual le vende tejido inadecuado cambie de tienda.

Estos son otros ejemplos contados por propietarios de hámsteres:

• Yo he cambiado la ropa que usaba para mi mascota gracias a la mala experiencia de mi amigo. Su hámster había perdido un miembro al haberse enredado en los hilos de la ropa, e intentar escapar de ahí. Él me advirtió de lo peligroso que es utilizar tejidos que pudieran hacer de cuerda.

• Al hacer la limpieza habitual de mi hámster observé que un pie había ennegrecido. Lo llevé al veterinario y éste me dijo que gracias a que lo había llevado a tiempo no estaba todavía gangrenado. Durante algún tiempo debió tener el pie enredado en los hilos. Nunca más utilizaré ropa así.

• He leído sobre las malas experiencias de los demás por haber utilizado ropa inadecuada para su hámster. El haber conocido este problema a tiempo, ha hecho que yo no cometa errores con mis mascotas.

• Casi por casualidad, descubrí que mi hámster tenia en su pequeña patita un hilo enrollado. Era tan fino como un cabello humano. Gracias a que se lo pude quitar no perdió su pie, ahora sólo le pongo tiras de papel higiénico y él se siente feliz.

- Yo compré dos hámsteres y ante la posibilidad de que no se llevaran bien juntos, los puse en jaulas separadas. A cada uno le puse todo lo necesario en su jaula, incluida la ropa de cama, pero al día siguiente cada una de ellas tenía una tragedia diferente.

- Uno tenía un amplio cordón alrededor de su cuello y había quedado apresado en el tubo del agua. El otro presentaba síntomas de ahogo y tenía problemas para estornudar por la nariz. Al primero le pude desatar, pero el segundo, aunque logré quitarle el hilo que rodeaba su garganta, murió tres días después. Nunca más he vuelto ha utilizar este tipo de ropa, ahora sólo les pongo viruta de pino blanco y suave.

- A veces puede ocurrir que durante algún tiempo usemos los tejidos inadecuados sin tener ningún problema, eso puede hacer que nos confiemos y un día descubramos el fatal desenlace.

- Regalé a mi hijo pequeño un hámster enano y por desgracia no me plantee en ningún momento que en una tienda especializada podrían venderme una ropa de cama inadecuada, por lo tanto, le compré todo lo necesario para su jaula. A los pocos días había muerto. Mi hijo lloró tanto que me plantee averiguar el error que podíamos haber cometido en su cuidado. Quedé sorprendida cuando en letra pequeña, en el envase de la ropa de cama leí: "no adecuada para hámsteres enanos".
¿Cómo es posible que me vendieran un producto tan peligroso para el animal? Todavía no salgo de mi asombro. Pero de algo estoy convencida: la próxima vez le compraré a alguien más honesto.

- Me encantan los hámsteres, lo que explica que tuviera 10 juntos en una enorme jaula. Todos hicieron sus nidos con la ropa que adquirí pensando en su comodidad. Al cabo de una semana la vista era horrible. Algunos de mis hámsteres habían perdido algún miembro y otros presentaban síntomas de ahogo. Fue terrible contemplar aquello y encima descubrir que había sido cometido por un error tan estúpido.

- Desde que era niña he tenido hámsteres, y hasta los he emparejado para que críen. En una ocasión, cuando la mamá tuvo sus cachorros, con la intención de mantenerlos calientes cogí un calcetín de lana, lo corté en tiras y lo coloqué en su nido. Su cama, efectivamente era caliente pero no pensé en lo peligrosos que podían resultar los hilos de lana. Al ir a verlos el día siguiente, uno de los cachorros tenia una pata totalmente enredada y no podía moverse. ¡Afortunadamente lo descubrí a tiempo! Inmediatamente les retiré el calcetín y lo sustituí por un montón de papel higiénico.

- Antes de tener un hámster recomiendo leer sobre sus cuidados, eso servirá para que muchos animalitos no sufran la inexperiencia de sus cuidadores.

Limpieza de la jaula:

- La jaula ha de limpiarse una vez a la semana, reemplazando la comida que el hámster guarda en su nido para evitar que ésta cree moho. Después, una vez al mes ha de limpiarse la jaula en su totalidad con agua jabonosa y unas gotas de desinfectante, aclarándola bien y secándola antes de volver a poner su nueva ropa de cama.

- El hámster agradecerá que junto a la roma limpia de cama le añada un poquito de la ropa vieja, esto le ayudará a identificarla inmediatamente.

- La limpieza de la jaula también debe servirnos para revisar que todo está en perfecto estado y no haya zonas que el hámster haya roído donde pueda lastimarse o escapar de ella.

• También debemos aprovechar para comprobar que no está enfermo, observando si hay pocas o muchas heces, lo que podría indicarnos que está estreñido o tiene diarrea.

Cómo amaestrar a un hámster:

• Si es de los que desean educar a su hámster, hágalo cuando todavía es joven; cuanto más lo aplace más difícil será.

• Hable con su hámster, eso hará que él reconozca enseguida su voz.

• Los hámsteres sólo muerden cuando se sienten asustados. Si usted nota que pellizca su dedo, es mejor dejarle en su jaula durante unas horas para que se tranquilice.

• Usted puede lograr domesticar a su hámster aproximadamente en tres semanas siguiendo estos consejos:

1. Hágalo sin prisas, o tendrá que volver a empezar de nuevo.

2. Durante unos días, observe cuándo está despierto y por tanto más activo. Es el mejor momento para empezar su educación.

3. Ponga su comida favorita en su mano hasta que él pierda el miedo. A continuación, deje su mano con la comida en la salida de la jaula y espere a que se acostumbre a que trae comida en ella. Pronto descubrirá que no tiene nada que temer.

4. Cuando el hámster esté bastante seguro y se atreva a comer en la palma de su mano, acaríciclo suavemente con un dedo a lo largo de su parte trasera. Nunca acaricie su cabeza.

5. Para conseguir que se acostumbre a que usted lo saque de su jaula, cuando esté comiendo de su mano haga de taza con la otra mano y cúbralo alzándolo suavemente. No la cierre herméticamente ni la apriete demasiado, o conseguirá que se asuste. Después de unos días si ve que a su hámster esto le hace feliz, podrá sacarlo de la jaula en el hueco de su mano.

6. Juegue con él pasándolo de una mano a otra, pero hágalo cerca del suelo para que si usted lo dejara caer o saltara de sus manos, no tenga una gran altura desde la que se lastime. Esto mismo es aún mejor hacerlo sentado, para que si salta pueda aterrizar en su regazo. Permítale correr de una mano a otra, pronto se sentirá bastante seguro y correrá a lo largo de su brazo.

7. Cuando haya logrado sacarlo de su jaula y empezado a jugar con él, ponga a su hámster mirando de frente a usted, de esta forma es más difícil que le dé por saltar, pero si intentara hacerlo déjele que salte y recójalo después, pues si le aprisiona para que no lo haga se asustará.

8. Algunos hámsters son más nerviosos que otros, si el suyo es de esos le llevará algo más de tiempo el acostumbrarlo, pero sea paciente con él y lo logrará.

9. Si su hámster se siente asustado o ha tenido una mala experiencia en su manejo, es posible que muerda. Para lograr que deje de hacerlo, utilice guantes hasta que él adquiera confianza y deje de morder.

10. No coja al hámster después de comer, sin haberse lavado las manos. Los hámsteres tienen una vista muy pobre y se guían mucho más por su olfato. Si usted ha comido una manzana, él la olerá y pensará que la tiene en la mano, por lo que podría morderle.

Que hacer si su hámster se pierde:

¡No se desespere! Aquí tiene algunas técnicas que le ayudarán a recuperarlo fácilmente.

1.   Coloque la jaula en el lugar donde crea que se ha escondido y ponga comida en ella dejando la puerta abierta. Durante la noche los hámsteres hambrientos pueden volver a su jaula buscando comida.
2.   Si no sabe en qué cuarto de la casa puede estar escondido, al acostarse coloque unas cuantas semillas en cada una de las habitaciones, contando cuantas semillas deja en cada una y, a continuación, cierre la puerta. A la mañana siguiente sabrá en qué habitación se encuentra su hámster.
3.   Cuando haya descubierto en qué habitación se encuentra, asegúrese que no deja la puerta abierta. Usted puede llevar ahora a cabo el método de la jaula descrito anteriormente.
4.   Otros métodos algo más sofisticados consisten en colocar una madera a modo de rampa apoyada en cubo en el que hemos colocado la comida. Entonces, hacemos un sendero con más comida hasta la madera, el hámster trepará por ella y caerá dentro, pero para evitar que vuelva a escapar habremos untado el cubo con manteca para que resbale y no pueda salir.
5.   Algo más complicado aún es poner una zanahoria atada a un palo y éste con un cordón a unas campanillas, que llegarán hasta donde usted duerme. Cuando durante la noche el hámster salga a comer, hará ruido y le despertará.

Síntomas, causas y soluciones para algunas enfermedades:

Estornudos, ojos tristes y nariz mucosa:

Esto podría ser alergia a algún material aéreo o del nido. Pero también pudiera ser por frío, así que cambie la ropa de cama, proporciónele calor, y si al día siguiente no ve que haya mejorado tendrá que llevarlo al veterinario.

La piel alrededor de la cola está sucia y posiblemente húmeda:
Su mascota podría tener diarrea producida por algo que haya comido y no fuera aconsejable para él. Pero esto también podría ser la primera señal de una enfermedad denominada cola húmeda, así que tome a su hámster y acuda al veterinario.

Zonas desnudas de la piel:
Esto puede ocurrirle simplemente por vejez, o porque se haya frotado contra algo donde haya podido quitarse la piel. Pero si nota que se rasca las zonas desnudas, esto pudiese estar causado por algún parásito y entonces el veterinario será quién le proporcione algo para eliminarlos.

Se niega a comer, mejilla hinchada y los ojos mucosos:
Síntoma de que su mascota tiene algo pegado en la mejilla y sólo el veterinario podrá extraérselo.

De repente, nota que se queda demasiado quieto, como si estuviera muerto:
Esto puede ocurrir después del otoño, cuando haya tenido una fuerte actividad, o haya recibido un gran susto. Bastará con dejarle en un lugar tranquilo, silencioso y caliente, y en una o dos horas se habrá recuperado. Si no fuera así tendrá que acudir a su veterinario.

CAPÍTULO 5

EL CUIDADO DE LAS AVES

Con frecuencia envidiadas por el hombre e imitadas desde hace siglos, las aves poseen la cualidad física más preciada de todas y la única que nunca podremos imitar sin la ayuda de aparatos. El ser humano puede nadar en el mismo lugar y del mismo modo que los peces, horadar la tierra como los gusanos, correr como los caballos, trepar como los monos y hasta construir viviendas complejas como las hormigas. Todo eso lo puede hacer con la sola ayuda de sus manos, pero volar con sus propias facultades lo tiene vetado por la naturaleza.

Por eso no nos debe extrañar que su frustración le lleve frecuentemente a privar a las aves de su don más preciado, el de volar, como si con ello quisiera demostrar que sigue siendo el ser más hábil en la naturaleza.

Y es que no hay nada más triste que ver a un pájaro encerrado eternamente en una jaula desde que nace, aunque nos guste oírle cantar y con ello creamos que somos un buen amante de los animales.

Es cierto que muchos pájaros enjaulados morirían pronto sin nuestra ayuda y que la mayoría parecen felices en sus jaulas, pero eso no nos debe hacer creer que estamos haciendo lo mejor por ellos, puesto que basta con dejarles la puerta entreabierta para que emprendan un veloz vuelo sin retorno. Mejor demostración sobre sus verdaderos deseos imposible.

Por eso este capítulo sobre el cuidado de los pájaros no está dedicado exclusivamente a las aves enjauladas, sino a todas aquellas por las cuales el ser humano siente interés, especialmente a las que vuelan a nuestro alrededor.

Anatomía y características de las aves

• Con una temperatura corporal media de 42° C y con un plumaje que les protege de las inclemencias del tiempo, son capaces de moverse y desplazarse perfectamente en climas cálidos y muy fríos.

• No tienen dientes y la labor de masticar es efectuada por el pico y el estómago o molleja.

• Las hembras normalmente solo tienen desarrollado un ovario.

• No transpiran y se enfrían por el cuello.

• Sobreviven habitualmente mediante su astucia y su facultad para engañar al enemigo.

• Volando pueden alcanzar con facilidad los 70 km/h y con viento a favor algunas especies llegan a los 140 km/h. En picado, el halcón peregrino puede sobrepasar los 300 km/h.

- Su órgano más desarrollado, además de las alas, es la vista. Se adaptan a la oscuridad sin problemas y localizan objetos pequeños situados a grandes distancias.
- Otro sentido muy desarrollado es el oído, pero por el contrario, apenas si les sirve para algo el olfato y el gusto.
- Su promedio de vida es de 10 años, aunque hay especies, como el cuervo, que llegan a vivir más de 60 años.
- Disponen de un sistema para comunicarse entre ellos mediante movimientos y actitudes corporales. Las expresiones vocales le sirven para intentar el apareamiento, delimitar su territorio o pedir ayuda.
- Su canto puede ser mejorado haciéndoles oír determinados sonidos. Por tanto, se puede considerar que aprenden a cantar.
- Las aves migratorias lo hacen no solamente para buscar comida a lugares más cálidos. Parece ser que emigrar es algo adquirido genéticamente como una necesidad de cambio. Algunas llegan a recorrer diez mil kilómetros y lo hacen a alturas aproximadas de 100 metros, aunque es frecuente que efectúen vuelos hasta los 3 kilómetros de altura. No se sabe con certeza el mecanismo por el cual logran orientarse, pero no depende de su vista. Parece ser que están dotadas de una brújula o compás solar y un sentido del tiempo que les lleva sin problemas a su destino. También hay quien asegura que el secreto está en el olfato, otros que está en su forma de captar la luz ultravioleta y otros que se debe a las diferencias de presión atmosférica.

Recuerde también:

Los pájaros son gregarios y necesitan relacionarse con sus semejantes. Si no dispone de otro ejemplar similar, al menos háblele y dedíquele algunos minutos todos los días.

También necesitan sus propios juguetes que les distraigan y para ello les servirá cualquier palo, columpio o bolas. La música también les sirve de entretenimiento.

El nido

La mayoría de las aves incuban o crían durante los meses de abril y julio. Los nidos los construyen habitualmente en árboles, cuevas, edificios o paredes rocosas, aunque hay especies que prefieren hacerlos en el agua o el suelo. La puesta coincide cuando terminan el nido y generalmente salen de cuatro a siete huevos, aunque las especies mayores se limitan a poner dos y otras hasta diez.

Hay polluelos que salen del cascarón cubiertos de plumón, lo que les faculta para abandonar el lugar en pocas horas, mientras que aquellos que nacen con la piel lisa permanecen algunas semanas.

Advertencia:

Si usted se encuentra un nido deberá dejarlo tal y como está, no cogiendo a ninguno de los polluelos por muy desvalidos que los vea. Solamente si está seguro de que están abandonados y sumamente desnutridos, podrá llevárselo y tratar de alimentarlo. Una vez que le vea recuperado, aunque sea parcialmente, déjelo de nuevo en un lugar cercano a donde le encontró.

Pero supongamos que ha decidido coger el polluelo y que quiere cuidarlo con eficacia. Póngalo en una caja de cartón o de madera cubierta de arena. Normalmente no podrán volar todavía, pero si teme que se escape o que intente salir, puede poner una rejilla de malla fina. Si lo ha recogido en invierno tendrá que proporcionarle calor y una simple bombilla será suficiente, evitando especialmente que la pueda tocar. La temperatura ideal debe estar cerca de los 35° para los pájaros sin plumas.

Si el polluelo es muy pequeño y carece de plumaje, será conveniente que el suelo de la caja contenga paja y hojas secas, evitando cualquier material que se pueda enredar en sus patas o cuello. Cuando observe que está recuperado, pero tenga miedo de que aún no sea hábil para sobrevivir, puede cambiarlo a una jaula.

Cómo alimentar a un pájaro

Un pájaro requiere mayores cuidados que otro animal doméstico y acusan más intensamente la carencia de comida. Su gran movilidad y su metabolismo les obliga a alimentarse frecuentemente y no cuentan con grandes reservas energéticas en su cuerpo.

Según el pájaro:

• Si el animal es muy pequeño el requesón parcialmente deshidratado, hasta el punto que lo pueda coger con las manos, es un buen alimento.

• Aunque lo mejor es que se deje aconsejar por las tiendas especializadas o por el veterinario, a las crías nidífugas, las que salen del cascarón ya con plumas, puede darlas larvas del escarabajo de la harina, lo mismo que algunas mezclas de insectos que venden ya preparadas.

- Las gallináceas gustan de copos de avena y pequeñas semillas.
- Las rapaces agradecen ratoncitos y poñuelos, aunque si le parece cruel puede darles carne cruda y alimentos que contengan algo de pelo o plumas.
- El calcio se puede suministrar mediante cáscaras de huevo molidas.
- A las palomas o pichones se les alimenta con cuajada, yema de huevo cocida, pan blanco, mijo y larvas de escarabajo molidas.
- Si no quieren comer al ponerles la comida cerca, se las incitará frotándoles el pico con la comida. En ocasiones es necesario abrirles el pico con suavidad para introducir la comida o emplear una jeringa.
- Los mirlos y similares necesitan alimentos cada media hora, mientras que los jilgueros cada hora
- Otras aves como los gorriones o los petirrojos gustan de las galletas ralladas y la carne triturada, además de arañas, saltamontes y moscas.

En general, los pájaros que comen alimentos blandos, como los **mirlos** y **los petirrojos**, gustan de los copos de avena, fruta picada y pasas, así como las bayas secas de serval, saúco, majuelo y aligustre. También comen migas de pan, arroz cocido y patatas, todo sin sal, además de larvas de escarabajo.

Las aves graníveras, como los **gorriones y tórtolas**, comen cañamones, granos de trigo y pepitas de girasol.

Las aves acuáticas como los **patos, gaviotas o gansos**, necesitan pan seco, granos de cereales, fruta y verduras. La comida se depositará cerca del agua, aunque si el ave está allí la podremos poner directamente en el agua. No obstante, evite esto porque el agua se ensucia con facilidad.

Las aves de campo, como las **perdices y las alondras**, comen cereales, bellotas, uvas pasas, berzas, remolacha, lechuga y patatas. Ponga el alimento al aire libre o cerca de algo de paja o arbustos para que el animal encuentre un lugar para esconderse si presiente el peligro.

Existen unas casetas adecuadas para ponerles la comida, aunque también las podremos hacer con una caja de madera a la que pondremos un techo. Tiene que estar bien cerrada por el lado en que sople el aire y su estructura debe ser en forma de silo. Estos comederos los puede situar en un árbol o en un soporte adecuado de fácil acceso por su parte, pero siempre alejado de otros animales.

Cuidados sanitarios

Ya sabe que lo mejor para los pájaros es la libertad y que ninguna jaula les puede suplir su necesidad de volar y ser libres. Si usted ha encontrado un pájaro enfermo y sabe que dejarlo en esas condiciones supondrá su muerte, lo deberá recoger para tratar de curarlo antes de que algún desaprensivo lo aplaste.

Lo esencial es la delicadeza al manipularlo y no atemorizarlo aún más de lo que esté. Llévelo a su casa y deposítelo en un lugar mullido y caliente, tapándolo parcialmente para que no reciba mucha luz. Si el animal es grande y tiene miedo que le pique, póngase unos guantes o agárrele por el cuello sin apretar.

Una advertencia:

Tenga cuidado con las aves muy grandes o las depredadoras. Ya sabe que le pueden atacar para intentar liberarse y que en ocasiones se hacen las heridas en espera de su oportunidad. Si no sabe manejarla llévela a una clínica veterinaria cuanto antes.

Una vez que ha conseguido que se tranquilice algo puede intentar alimentarla ofreciéndole comida o abriéndole suavemente el pico. También debe observar si está herida, especialmente en las alas. No trate de extenderlas sino conoce bien su anatomía, pero puede colocarlas correctamente si las observa torcidas. Si considera que están dañadas deberá envolverlas al cuerpo con una venda de gasas, así evitará que se siga dañando al intentar huir. Normalmente las alas cicatrizan en dos semanas.

Las patas fracturadas son también otra de las lesiones habituales y lo primero es tratar de poner a cada hueso en su sitio, evitando especialmente las manipulaciones dolorosas. Después, realice un vendaje suave o incluso emplee alguna tablilla adecuada para mantenerla sujeta.

Recuerde:

Aunque el pájaro no pueda llorar o gritar también siente el mismo dolor que los demás animales. Manipúlele con un cuidado exquisito y si tiene que lavarle sus heridas hágalo con agua tibia, sin frotar y desinféctelo con una infusión de tomillo o manzanilla.

Mas cosas para hacer felices a sus pájaros:

1.   Tiene que proporcionarle una jaula grande, donde tenga oportunidad para desplegar sus alas. Es mejor que sea larga y ancha que alta. Procure que no pueda meter su cabeza por entre los barrotes.

2.   Proporciónele la comida siempre a la misma hora.

3.   Déjeles dormir entre nueve y doce horas al día.

4.   Póngales al sol todos los días. Si ello no es posible tiene que ponerles una bombilla especial sustitutiva.

5.   El baño también debe ser diario. Deberá averiguar cómo le gusta a su pájaro ducharse, mediante un plato o acurrucándose junto a una planta húmeda.

6.   Déjele volar libremente por la habitación con frecuencia. Tape los cristales para que no se golpee contra ellos intentando salir.

7.   La música les gusta de manera especial. Si tiene que dejarle solo con frecuencia programe su aparato de radio para que se conecte al menos durante media hora. Eso les hace soportar mejor la soledad.

8.   Si le encuentra triste búsquele un compañero.

9.   Que no le falte agua dos veces al día.

10.   Déle con frecuencia suplementos vitamínicos.

11.   Ofrézcale de vez en cuando carne picada o algo de embutido. También un trozo de manzana o lechuga.

Precauciones:

1.   No permita que nadie fume donde esté el pájaro.

2.   No emplee perfumes ni ambientadores fuertes.

3.   No use sprays de ningún tipo en su presencia.

4.   No le tenga en la cocina cuando cocine.

5.   Cuando mudan, y algunos lo hacen dos veces al año, dejarán de cantar y estarán más expuestos a las enfermedades. En esos momentos colóquelo en un lugar tranquilo y caliente, evitando las corrientes de aire.

6.   No les arranque las plumas con la mano, aunque puede intentarlo con suavidad cuando haya Luna nueva.

Usted debe saber:

•   Colocar unas ramitas de espliego ayuda a efectuar la muda del plumaje. Si, aún así, tienen dificultad para ello puede ayudarles frotándole debajo de las alas con su mano.

•   Si ha cogido frío póngale entre sus manos durante diez minutos para que entre en calor. Después ofrézcale cañamones.

•   Si tiene que entablillar una pata manténgala así durante 15 días.

•   Ojo con los callos que se pueden formar en sus patas. Les suele doler mucho y se ponen tristes por ello. Puede intentar suavizarlos sumergiéndole las patas en vinagre durante diez minutos. Luego los intentará quitar con suavidad, poniéndole algo de aceite de oliva para suavizarle. Esta operación la deberá repetir al menos durante cuatro días.

•   A los pájaros hay que hablarles con dulzura, lo mismo que a un niño.

•   Si quiere que coma de su mano muéstrele la comida mientras dice palabras suaves. Todos sus movimientos deberá efectuarlos muy lentamente. Es posible que los primeros días le pique en su mano en lugar de comer. Usted sabe que no pretende hacerle daño, pero el animal no lo interpreta así.

- Si quiere que se pose en su mano muéstresela con la palma hacia abajo y los dedos juntos, mientras le habla con cariño.

Los enemigos de las aves:

Aparte de los seres humanos, también deberá controlar los ataques de los gatos, urracas, gavilanes y cornejas, entre otros depredadores.

Respecto a los **gatos** son especialmente peligrosos en los domicilios, puesto que si están en el campo buscan otros animales más fáciles de cazar. Tiene que situar los bebederos y comederos en lugares inaccesibles a los gatos, preferentemente en lugares al descubierto en donde su presencia será fácilmente detectada. Todo abrevadero situado a más de metro y medio del suelo es casi seguro contra los gatos. Respecto a los nidos, deberá poner algo de alambre de espinos en el tronco de los árboles o poniendo productos que huelen muy mal que podrá adquirir en las tiendas.

Las **urracas** gustan especialmente de comerse los huevos, por lo que el nido deberá estar en un lugar frondoso y oculto a la vista. Los **gavilanes** atacan a los pájaros, lo mismo que los cernícalos. Hay quien pone una bombilla cerca del comedero o un espantapájaros elaborado con varios colores o tiras reflectantes.

Animales problemáticos:

Las palomas

Para muchos son animales entrañables, tanto por su dulzura, su facilidad para estar juntos a los humanos, comer de su mano, como por el simbolismo de paz que reflejan. Pero para otros suponen en ocasiones un problema por su proliferación y la abundancia de sus excrementos, existiendo campañas en muchas ciudades pidiendo su exterminación.

La paloma asilvestrada es la que causa ya algunos problemas serios en las ciudades, mientras que las bravías las encontramos en los acantilados y las formaciones rocosas. Y en medio de ellas están las domésticas, con su gran variedad en cuanto a plumaje y también en cuanto a comportamiento.

Características:

• Viven en comunidad y suelen buscar el alimento juntas.

• No tienen ya casi enemigos naturales en las ciudades, salvo el ser humano.

• Si no se las cuida adecuadamente su hábitat puede ser nido de garrapatas, chinches, ácaros y propagar la ornitosis y la fiebre tifoidea.

• Sus excrementos son altamente corrosivos y pueden atacar incluso la solidez de las piedras.

• Como cualquier otra especie, está totalmente prohibido cazarlas o matarlas fuera de los lugares y épocas permitidas por la ley.

Los patos

De nuevo, son los animales asilvestrados los que causan los problemas a los seres humanos, y contra los cuales se alzan las voces pidiendo su exterminación. Pero para nosotros, los habitantes de las ciudades, los patos son aves simpáticas, vivaces y tan habituales en nuestros jardines y parques que no comprendemos un estanque sin ellos.

Ahora los **patos** silvestres tienen cada vez más difícil establecerse en lugares seguros y suficientemente fértiles para una gran cantidad de individuos. Los cazadores, furtivos o no, gustan de disparar a estos inofensivos animales, felicitándose cuando les ven caer muertos de un certero disparo. Nosotros nunca podremos aplaudir ni justificar la caza de ningún animal vivo, pero es muy posible que nuestras voces no signifiquen nada para modificar las consciencias de los miles de cazadores en demanda de lugares desde donde dispararles con todos los permisos necesarios.

Los patos consumen esporádicamente pescado, prefiriendo las espigas de agua, los brotes de junco y una gran variedad de plantas cercanas a las riberas de los lagos y ríos. Ellos logran mantener el equilibrio vegetal que crece espontáneo alrededor de los embalses y lagos, evitando la formación excesiva de algas que dificultan el crecimiento de especies vegetales útiles.

Pero mientras el **cisne** sigue gozando de una gran simpatía y logra sobrevivir gracias a que con su largo cuello puede buscar comida a gran profundidad, la **focha** común, a quien se confunde con una gallinácea (en realidad es una rálida), es un ave a quien todo el mundo quiere exterminar y la mejor manera es mediante la caza indiscriminada. Sin embargo y si se escucharan las voces autorizadas de los expertos, nos dirían que la focha es esencial para el ciclo de regeneración del oxígeno del agua de los pantanos y embalses, y no un animal que se come toda la vegetación útil.

Y respecto a las **gaviotas** el problema es similar, pues los pescadores se quejan que les comen los peces y les espantan los bancos con su presencia. Pero ahora sabemos que estos animales no gustan de comer peces y prefieren ingerir plantas, escarabajos, mosquitos y otros insectos, por lo que se demuestra que su presencia sirve para mantener limpia las zonas acotadas por los hombres. Su apetito especial por las lombrices de tierra contribuye a eliminar precisamente las mutiladas por los tractores y máquinas de arar, puesto que no pueden horadar la tierra para buscar las vivas. Tampoco podemos olvidar su presencia masiva en los vertederos de basuras, en donde limpian la superficie de las basuras de alimentos y pequeños animales.

Protejamos a las aves; no las matemos

Hay demasiadas aves en el mundo y pocas zonas naturales protegidas para albergarlas. Las aves necesitan bosques húmedos, praderas fértiles, cañaverales y lagos sin contaminar. No son animales para vivir cercanas al ser humano, pero frecuentemente se ven en la necesidad de acudir a nuestras ciudades y pueblos para encontrar comida. Actualmente, sólo el 1% del territorio mundial está protegido, cifra muy lejana a ese 10% que se reclama como imprescindible para que el ecosistema se mantenga como hace siglos.

El bosque no hay que mantenerlo limpio para que nosotros podamos adentrarnos en él sin problemas. Un bosque limpio no es adecuado para las especies animales que allí viven, puesto que necesitan de eso que se denomina como "naturaleza salvaje" para poder desarrollarse sin problemas. El bosque, las montañas, los valles y los lagos, hay que dejarlos tal y como la naturaleza los ha creado. Así han sobrevivido miles de años y nunca han necesitado de nuestros científicos cuidados.

CAPÍTULO 6

OTROS ANIMALES

Abejas

Para poder tener estos insectos en comunidad, deberá contar primero con el permiso de sus vecinos, salvo que sus viviendas estén muy alejadas del panal. La abeja común, o Apis mellifica, se emplea casi exclusivamente para la producción de miel. De color pardo, cuerpo velloso y aparato bucal alargado, posee dos pares de alas membranosas.

En sus patas posteriores tienen el cestillo, una cavidad en la cual transportan el polen que recolectan de las flores y que les sirve de alimento. El resto lo almacenan en unas celdillas que ellas mismas construyen con la cera que elaboran en sus glándulas abdominales. Una colonia puede albergar hasta 70.000 individuos, regidos por una sola reina, varios machos y numerosas obreras estériles.

Si usted decide tener una o varias colmenas sepa que de ellas podrá extraer polen, jalea real, ceras y própolis, además de miel, sustancias todas consideradas como los mayores tesoros disponibles para la Humanidad.

Lo primero que tiene que hacer es comprar las abejas, evitando las que sean agresivas o estén enfermas. Exija, pues, un certificado a su vendedor sobre la salud de los insectos. Ante todo, debe saber que existen dos tipos: las de invierno y las de verano, siendo mucho más longevas las que nacen en agosto o septiembre. El promedio de vida oscila entre las seis semanas y los seis meses.

Recomendaciones:

1.   Ponga la colmena orientada al sur para protegerla del frío, en lugar seco y sin árboles altos cerca.
2.   Aléjelas de los cables de alta tensión o donde existan aparatos eléctricos de gran potencia. Su presencia las vuelve agresivas.
3.   En las cercanías deberá haber abundancia de flores adecuadas, como tomillo, romero, brezo, tilos o frambuesas. Si quiere un sabor determinado escoja solamente una de estas plantas.
4.   Cuando tenga que acercarse a las colmenas no lleve ropa de color azul marino, rojo o negro, pues las pone nerviosas y podrían atacarle. Evite también las prendas que puedan acumular electricidad estática.

Caballos

Aparentemente tranquilo y dócil, es sin embargo un animal que requiere inteligencia para su doma, además de una gran paciencia. De comportamiento noble, sensible al buen trato y muy estable en sus costumbres, posee gran memoria para evitar el peligro o recordar lugares.

Si usted quiere tener un caballo solamente para montarlo, sepa que tendrá que cuidarlo con mucho más esmero que otro para labores agrarias.

Recomendaciones:

1.   Dedique al menos tres horas al día para limpiarle y cuidarle. En este tiempo debe estar incluido el obligado ejercicio.

2.   Si no está dispuesto a cuidarle todos los días no lo compre. También debe saber que tiene que alimentarle y eso cuesta bastante, al menos en relación con otro animal.

3.   El embarazo de las yeguas dura aproximadamente once meses

4.   Si no entiende de caballos cómprelo en un picadero, puesto que allí le informarán con detalle sobre su cuidado, podrá montarlo y, por supuesto, podrá reclamar si le han vendido un animal enfermo. También podrá adquirirlo en una feria de ganado y le saldrá más barato, pero deberá estar asesorado por un experto.

5.   Cuando monte por primera vez un caballo sepa que lo más difícil es mantenerse en equilibrio sin caerse. El secreto está en el apoyo de su horcajadura, no en la fuerza de sus muslos o brazos que se deben emplear exclusivamente para dirigir al caballo. Por término medio, se necesitan diez clases de media hora para poderse sostener adecuadamente en un caballo y andar en solitario. Para poder correr y saltar, le serán necesarias al menos veinticinco clases y mucha serenidad. Sepa que es usted quien debe acoplarse al caballo y no al revés. Normalmente no hay malos caballos, sino pésimos jinetes.

Conejos

Aunque en principio se comportan con los humanos con gran temor, poco a poco puede lograr que comparta con usted sus ratos de ocio. Para ello solamente necesita lo que cualquier otro animal: cariño, paciencia y sabiduría. Si persevera en esta trilogía podrá tener a su conejo junto a usted cuando esté sentado y hasta podrá jugar con él.

Recomendaciones:

1.   Si quiere tenerlo como animal de compañía cómprelo recién nacido.

2.   Nunca agarre al conejo por las orejas, aunque se lo recomienden los mejores expertos. Tómelo en sus manos con cuidado, sin brusquedad y acariciándole suavemente mientras le habla.

3.   Consulte a su veterinario sobre el tipo de jaula más adecuada, explicándole que no lo quiere para comérselo, sino como mascota.

4.   El agua es lo más vital para los conejos, más que la libertad, su segunda necesidad.

5.   Sobre sus comidas preferidas ya sabe que los tubérculos le gustan, así como las verduras verdes, el heno, y los cereales, además de las semillas de girasol y la verdolaga.

6.   No le ofrezca patatas crudas, pero las mondas cocidas le gustan mucho.

7.   Una papilla de leche con pan integral suele ser su postre favorito.

8.   Debe evitar que engorde demasiado.

9.   Si no quiere que huelan mucho, la madriguera hay que mantenerla siempre limpia, aunque debe saber que siempre tienen un olor característico.

10.   No se extrañe si les ve comer sus propios excrementos.

11.   Consulte a su veterinario para los productos que deberá emplear para que no tengan parásitos.

12.   Su hábitat, la conejera, debe ser lo mayor posible y estará cubierta de serrín y heno, siempre limpios.

13.   Si quiere tener una mascota sana tiene que permitirle que corra todos los días, preferiblemente por un lugar con hierba.

14.   No le mantenga en soledad, ya sea con usted o con otros animales domésticos tranquilos.

Precaución:

Los conejos pueden transmitir la toxoplasmosis, enfermedad muy seria si se contagia a una mujer embarazada. También pueden tener tiñas y mixomatosis, por lo que debe consultar a su veterinario para evitar estas enfermedades.

Gusanos de seda

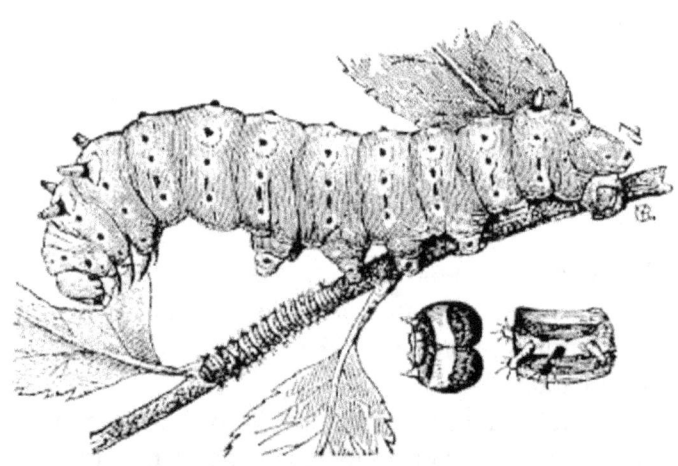

Son insectos que se suelen comprar con ilusión pero que se abandonan a los pocos días. Indudablemente, la desilusión surge por la imposibilidad de comunicarse o compartir con ellos las horas de ocio. Por eso, si usted se hace cargo de ellos no los tire a los pocos días. Aunque pequeños y poco comunicativos, son unos seres vivos que necesitan lo que todos: comida, agua, aire y buen trato.

El gusano de seda es la larva de un insecto, una mariposa, denominada Bombix nori que no se encuentra libremente en la naturaleza. Por eso deberá adquirirlos en una tienda especializada cuando están en forma de huevos.

Recomendaciones:

1.   Póngalos simplemente en una caja de cartón perfectamente limpia y parcialmente tapada para que no les dé el sol directamente.
2.   No les junte con más de doce ejemplares.
3.   Aliménteles con hojas de morera, aunque también la puede alternar con hojas de lechuga.
4.   Después del apareamiento ponga en la caja un trozo de tela para que se queden pegados los huevos.
5.   En la primavera saldrán los gusanos y a los treinta días comenzarán a formarse los capullos con los característicos hilos de seda. En ese momento incorpore a la caja unas ramitas.
6.   Pocos días después saldrán ya las mariposas blancas.
7.   Los machos disponen de unas pinzas en el extremo del abdomen para sujetar a la hembra durante el acoplamiento.
8.   Las hembras tienen alas de colores muy vivos, mientras que sus antenas son más pálidas y su abdomen es más voluminoso.

Tortugas

Animales cuyas características permanecen inmutables desde hace ya 100 millones de años. Solamente este detalle las proporciona una categoría como ser vivo especial y único.
Pertenecen a los reptiles quelonios, marinos o terrestres, y poseen un caparazón óseo muy duro con peto y espaldar que cubre la mayor parte de su cuerpo.
Se dividen en tres grandes grupos: las terrestres, o galápagos, con un caparazón abombado, patas terminadas en garras y de tamaño diverso. Se alimentan de materias vegetales, son lentas y muy solitarias. Las tortugas de agua dulce tienen el

caparazón más plano, son buenas nadadoras y su alimentación es carnívora o herbívora.

La tercera especie, la marina, son de mayor tamaño y con las extremidades en forma de paletas, pasando la mayor parte de su vida en los mares, salvo en la época de puesta de huevos en la que acuden a las playas para depositarlos.

Precauciones:

- Su punto débil es la concha, y si se rompe por una caída suele ser fatal para el animal.
- No se le ocurra pintar su caparazón, puesto que es un órgano vivo por el cual respiran y que posee fluidos.
- Suelen transmitir la salmonella, por lo que no es prudente tocarlos ni mucho menos acercárselos a la boca.

Los cuidados:

En otoño es conveniente que dispongan de una caja con tiras de papel y hojas secas, puesto que comienzan su periodo de hibernación. En esos meses comen poco, apenas se mueven y su temperatura desciende. Cuando el frío aumente taparemos su caja y la pondremos en un lugar tranquilo hasta la primavera. En esa época bastará con que la miremos una vez por semana, pero si observamos que se mueve quizá es porque tiene frío y deberemos ponerla en un lugar más cálido. Cuando se despiertan en la primavera suelen tener los párpados cerrados y bastante sed. Podremos lavarle los ojos con una infusión de manzanilla. También será conveniente que le añadamos a su comida algunas vitaminas.

Alimentos:

Si dispone de un jardín quizá no necesite ponerle comida extra, aunque siempre agradecerá algo de carne y vegetales. Suelen tener apetencia por las zanahorias, los plátanos y el diente de león.

La comida tiene que ponérsela siempre a la misma hora y el mismo lugar. Si quiere que acuda a su voz llámela un minuto antes de poner su comida.

Importante:

•   Suelen comer tres veces al día, a no ser que estén en libertad y se busquen ellas mismas su alimento.

•   Necesitan bastante agua y agradecen que les ponga un recipiente con agua templada para bañarse.

•   No se olvide de ponerlas al sol y añadir calcio y fósforo en su comida.

•   Si quiere averiguar su sexo mire debajo de la concha. En los machos se curva hacia dentro y en las hembras hacia fuera. Los machos tienen la cola más larga.

Otros cuidados:

No suelen ponerse enfermas, pero si es así tendrá que acudir al veterinario puesto que sus enfermedades no son percibidas con claridad por los humanos.

Son muy sensibles a las bajas temperaturas y por eso se resfrían con facilidad. Procure que su temperatura oscile entre los 18 y los 21 grados.

No crea que porque se muevan lentamente no necesitan espacio para moverse. Una tortuga es un animal que tiene que moverse diariamente y por eso tendrá que buscarle un sitio en el cual pueda salir a pasear.

Las tortugas de agua

Deberá ponerlas en un acuario adecuado, con el fondo cubierto de grava y con una cantidad de agua dos veces superior a su propio tamaño, medida desde la cabeza a la cola. La temperatura entre 25 y 29 grados.
Dentro del acuario deberá poner una piedra lisa o una pequeña isla para que se pueda subir allí.

Precauciones:

Estos animales marinos necesitan al menos 29 grados para poder vivir y por eso tendrá que instalar una bombilla para que proporcione esa temperatura. También les son necesarias algunas horas al sol y en caso contrario tendrá que instalar una lámpara de rayos ultravioleta durante ocho horas diarias.
Consulte en su tienda de animales sobre estos accesorios.
Mantenga siempre limpio su acuario con una buena limpieza cada dos días.

Alimentos:

Puede ponerlas pescado fresco, vegetales, fruta y carne cruda. También les gusta el tomate en trozos y los alimentos que venden en las tiendas con gusanos y larvas de mosquito.
Ponga en el acuario frecuentemente plantas de acuario, así como complementos de vitaminas o aceite de hígado de bacalao.

Ojo:

Si no come quizá es porque tiene frío, pero si tiene demasiada comida también enfermará.
Son muy sensibles a las infecciones y los hongos. Usted los puede detectar en el agua por su color blanco. Aunque es mejor que acuda al veterinario para curarla, puede intentar su mejoría añadiendo una cucharadita de sal en el agua durante 15 minutos.

El cuidado de los

GATOS

EDICIONES
MASTERS

El cuidado de los
PÁJAROS

EDICIONES
MASTERS

El cuidado del
ACUARIO

EDICIONES
MASTERS

El cuidado del
CABALLO

**EDICIONES
MASTERS**

EL CUIDADO DE LOS
PERROS